ZOUJIN WENYANWEN

走进文言文

中华传统文化故事 2

杨振中 编著

上海远东出版社

图书在版编目(CIP)数据

走进文言文. 中华传统文化故事. 2/杨振中编著. —上海：上海远东出版社,2021
ISBN 978-7-5476-1689-5

Ⅰ. ①走… Ⅱ. ①杨… Ⅲ. ①文言文-中学-教学参考资料 Ⅳ. ①G634.303

中国版本图书馆 CIP 数据核字(2021)第 002903 号

责任编辑 王 皑
封面设计 李 廉

走进文言文中华传统文化故事.2
杨振中 编著

出 版 上海遠東出版社
（200235 中国上海市钦州南路 81 号）
发 行 上海人民出版社发行中心
印 刷 上海信老印刷厂
开 本 787×960 1/16
印 张 7.75
字 数 137,000
版 次 2021 年 6 月第 1 版
印 次 2021 年 6 月第 1 次印刷
ISBN 978-7-5476-1689-5/G.1091
定 价 28.00 元

编者的话

一、这是写给中学生的一本书。文字浅近，且有夹注，学生阅读应该不会太有困难。

二、对原文采用“意译”，不求字字落实，目的是让读者认真阅读原文。

三、书中故事有仁爱、善良、乐于助人、吃苦耐劳、勤学苦练等内容，这对读者提高品德修养有一定好处。

四、读书要循序渐进，不要急于求成，一天读一篇，百日便百篇，要持之以恒。

五、若有难词，应查有关词典，切勿轻易绕过。

六、本书如有不当之处，敬请指正。

杨振中

目　录

1 一 字 师

郑谷，唐人也。僧齐已善诗，因携所为《早梅》诗往谒，云：“前村深雪里，昨夜数枝开。”谷笑谓曰：“数枝已非早也，不若更为‘一枝’佳。”齐已默诵之：前村深雪里，昨夜一枝开。遽兼（提起）三衣叩地拜。自是，士林（读书人群体）以谷为齐已“一字之师”。

意译

郑谷是唐朝人。当时有个和尚叫齐已，他带一首自己写的《早梅》诗去拜访他。诗中说：“前村深雪里，昨夜数枝开。”郑谷笑着说：“几枝开花已不是早梅，不如改为‘一枝’好。”齐已默默地念道：前村深雪里，昨夜一枝开。立刻提起衣服叩头感谢。从此，读书人群体便把郑谷看作齐已的“一字师”。

阐发

1. 一枝梅花，说明确是早梅。郑谷仅仅把“数枝”改“一枝”，便让整首诗意境一新。

2. 释“谒”。它在此处指“拜访”。又，“谒见友人”，意为“去拜访老朋友”。又，“上户谒，惜家中无人”，意为“上门拜访，可惜家中无人”。

2 胡子寿不射兔

曩有胡子寿，上山樵，必携弓箭，见狐狼则射之，偶有得。一日于山中见野兔，又欲射之，然兔侧有二仔，不忍(忍心)射之。归而谓母曰如是(此)经历。母曰："尔是(做得对)也，人有母子情，兔亦有之。兔死仔孤，不亦悲乎？"

意译

从前有个叫胡子寿的人，上山砍柴，必定携带弓箭，看到有狐狸或野狼，便射击它们，偶尔有所收获。一天，他在山里看见一只野兔，然而野兔旁边有两只小兔，于是胡子寿不忍心射它。他回家后对母亲说这般经过。母亲说："你做得对，人有母子之情，兔也有这种感情。大兔子死了，小兔子便成了孤儿，这不是很悲伤的事情吗？"

阐发

1. 胡子寿不射母兔，母亲称赞他做得对。因为动物也有母子之情。

2. 释"曩"。它指"从前"。上文"曩有胡子寿"中的"曩"，便指"从前"。又，"曩与吾友，今亡"，意为"从前跟我是朋友，如今已去世了"。

3 承宫拾薪求学

汉之承宫，少孤，年八岁，为人牧豕（猪）。乡里徐子盛者，以《春秋经》授数百人。宫过息庐（房屋，此指学舍）下，乐（羡慕）其业，因就听经。遂请留门下，为诸生拾薪，执苦（干苦活）数年，勤学不倦。

意译

汉朝的承宫，少年时失去了父亲，在八岁时，他给人养猪。乡里有个叫徐子盛的人，他向数百人讲授《春秋经》。承宫经过徐子盛的学舍前，羡慕他们能学习，就靠近私塾听讲。后来他请求留在私塾给学生们拾柴草（同时读书），他干苦活好多年，勤学苦练不知疲倦。

阐发

1. 要学习的人，千方百计求学。比如承宫就用给学生们拾薪等办法换取学习的机会，总之，办法是有的。

2. 释“孤”。此处指“失去父亲”。上文承宫“少孤”，即“从小失去了父亲”。又，“彼幼即孤，邻人养之”，意为“他从小失去父亲，邻居养大了他”。又，“虽孤，然自幼与母勤于耕作”，意为“虽然从小失去父亲，然而从小与母亲努力耕作”。

4 许生助少女

书生许某，年方二九，赴县试（科举考试的一级），舟泊姑苏桥畔。三更，见岸上火焰耀天，人声鼎沸，知肆失火。方瞻仰间，见一少女坠于船头，身未着寸缕。许生正色曰：“姑娘受惊矣！”女惶恐，见俊秀书生，欲赴河。许生拦之，曰：“既避火，何投水？”遂以锦被裹之，秉烛而坐以待旦，目不斜视。火止，东方既白，女之父知而负衣裙至舟。女衣之，拜谢而归。

意译

有个书生姓许，年方十八岁，去参加科举考试，船停泊在姑苏桥边。半夜三更时，看到岸上火焰冲天，人声鼎沸，知道是店里着火了。正在昂头观看时，有一少女掉落在他的船头上，赤身裸体。许生严肃地说：“姑娘你受惊了！”姑娘很恐慌害怕，看到英俊而又秀丽的书生，想跳进水里一死了之。许生拦住她，说：“已经躲过火烧，为什么投水寻死？”许生就用锦绣的被子把她裹住，点燃蜡烛坐着等待天亮，目不斜视。火熄了，天已亮，姑娘的父亲得知情况后背着衣裙来到船上。姑娘穿了衣服，拜谢后回家。

阐发

1. 许生是个正人君子，见姑娘赤身露体，他目不斜视，还给她裹上被子。

2. 释“瞻”。它指“看”“看到”。上文“方瞻仰间”中的“瞻”即是。又，“有耍猴者，无数人瞻之”，意为“有玩猴戏的人，有无数人观看”。

5 李存审教子

存审（即李存审，唐末五代时人）出于寒微，常戒诸子曰："尔父少提一剑去乡里，四十年间，位极（达到）将相，其间出万死获一生者非一，破骨出镞者凡百余。"因授以所出镞，命藏之，曰："尔曹（你们）生于膏粱（指富贵人家），当知尔父起家如此也。"

意译

李存审出生在贫寒家庭，经常告诫众子说："你父亲年轻时，拿了一把剑离开乡下，四十年中，地位达到将相，中间万死一生不止一次，破骨取出的箭头有百余枚。"于是交出所取出的箭头，命令儿子把箭头保存好。并说："如今你们生活在富贵人家，应当知道你们的父亲是这样起家的。"

阐发

1. 李存审教育儿子不要忘记父亲九死一生的经历，意在让他们懂得要艰苦奋斗。如今有些儿女挥霍钱财，而不知父母早先的艰难日子，这叫忘本。

2. 释"去"。它在文言中常指"离开"。上文"去乡里"中的"去"即是。又，"年十五去家从戎"，意为"十五岁时离家从军"。又，"去此不远，半日可至"，意为"离开这儿不远，半天就可到达"。

6 吴猛恣蚊饱血

晋吴猛，年八岁，事亲至孝。家贫，榻（卧榻）无帷帐。每夏夜，蚊多嗜（zǎn，叮咬）肤。恣渠膏血之饱，虽多，不驱之，恐去而噬其亲也。爱亲之心至矣。

意译

晋朝的吴猛，才八岁，侍奉父母极孝。家中贫困，卧榻上没帐子。每到夏天晚上，蚊子很多，叮咬人的皮肤。吴猛放任它们吃饱自己的血，即使蚊子多，也不驱赶，担心它们离开后去叮咬父母亲。爱护父母亲到了极点。

阐发

1. 八岁的孩子，如此孝顺父母，宁愿自己被蚊子叮咬，也不让父母亲受罪，所以人们赞美他。

2. 释“恣”。它在此处指“放任”。上文“恣渠膏血之饱”意为“放任蚊子吃饱自身的血”。又，“彼恣意妄为”，意为“那人放任自己，胡作非为”。又，“尔恣，终得惩”，意为“你放任自己，终有一天会受到惩罚”。

7 虎　画

予友人善画虎，其庐（房舍）之四壁皆虎画：或腾或扑，或吼或奔，或挈（携带）幼或独行，形态各异，皆毕肖。吾尝乞得一幅，高二尺奇，宽三尺许。其二虎，雌雄各一。雄者蹲于石，昂首远视，张口，若呼啸状；雌者伏于侧，足前伸，神情怡然。旁有奇石三四，似助威也。余县之东壁，爱甚。

意译

我的朋友善于画虎，他家四面墙上都是画的老虎：有的跳跃，有的卧地，有的带着幼虎，有的独自行走，形态各不相同，都活灵活现。我曾求到一幅，二尺多高，宽三尺左右。那画上有雌雄一对虎。雄虎蹲在石头上，抬头远望，张开口，像呼叫的样子；雌虎伏在旁边，脚向前伸，怡然自得。旁边还有三四块奇石，好像在帮助它们发威。我把它挂在东壁上，非常喜欢它。

阐发

1. 释“奇”。上文有两个“奇”，它们的解释不同。“高二尺奇”中的“奇”指“超过”，原文意为“高度超过二尺”；“旁有奇石三四”中的“奇”，指“奇形怪状”，原文意为“旁边有三四块奇形怪状的石头”。

2. 释“县”。此处通“悬”。上文“余县之东壁”中的“县”，即“悬”字，意为“我把画悬挂在东面的墙壁上”。这种一个字相当于另一个字的现象，文言中叫“通假”。

8 郭忠恕戏弄富家子

郭忠恕善画。有求者，必怒而去。意欲画，即自为之。时与小民入市肆饮，曰："吾所与游，皆子类也。"寓岐（古地名）下时，有富人子喜画，日给醇酒，待之甚厚，久乃以情言，且致匹素（指绢）。郭为画小童持线放风鸢（制成鹰一般的风筝），引线数丈满之，富人子大怒，与郭遂绝。

意译

郭忠恕善于作画。有人上门求取，他必定生气地出走。如果想要画，就自己随意画。他时常跟平民百姓进店铺喝酒，说："我所交往的，都是你们这类人。"他住在岐山下的时候，有个富人家的儿子，喜欢绘画，每天送给他美酒，招待他很周到，时间长了，才说出实情，而且送给他一匹绢。郭忠恕便画了个小孩，手里拿着线放风筝，那线有好几丈长，填满了画面。富人的儿子大为恼火，就跟郭忠恕断绝了往来。

阐发

1. 富家子以为自己有钱，要请郭忠恕为他画一幅画，哪知被郭忠恕戏弄了一番，自讨没趣。郭忠恕不贪财，鄙视富贵。

2. 释"绝"。它指"断""断绝"等。上文"与郭遂绝"意为"就跟郭忠恕断绝往来"。又，"吾曾与其为友，今绝"，意为"我曾经跟他是朋友，如今断绝往来"。又，"交绝而不出恶言"，意为"虽然断交了，但不说对方坏话"。

9 山涛不受贿赂

袁毅尝为鬲(gé,古地名)令,贪浊而赂遗公卿(指高官),以求誉,亦遗涛丝百斤。涛不欲异于时,受而藏于阁上。后毅事露,槛车送廷尉(一种高级司法官)。凡所受赂,皆见推检(追究)。涛乃取丝付吏,积年尘埃,印封如初。

意译

袁毅曾经做鬲地县官,贪污后贿赂高官,用来求得美名,也送给山涛丝百斤。山涛不想跟时人有两样,就收了丝并把它放在阁楼上。后来袁毅贿赂的事败露,被用槛车押送朝廷司法官员处论罪。凡是受贿的都受到追究。山涛便拿出之前收的丝交给官吏,因为放了多年,上面已积了很多灰尘,而且印章与封条还像当初一样,没有变动。

阐发

1. 山涛不肯受贿,甚为清廉,这在封建社会里是少见的。俗话说:若要人不知,除非己莫为。贪污受贿,总有一天要败露的。

2. 释“见”。上文“皆见推检”中的“见”,指“被”。又,“其人作恶多端,终见杀”,意为“那人作恶多端,最终被杀死”。又,“继母恶,前妻之子常见鞭”,意为“后母凶恶,前妻的儿子常常被鞭打”。

10 陶母责子

陶侃(kǎn)为东晋之大将军，于国为栋梁，于民若父母，世人重之。其少时为河梁吏(负责河道与渔业的官吏)。尝以一坩(gān，盛东西的陶器)鲊(zhǎ，腌制的鱼)饷(赠送)母。母曰："此何来?"使者曰："官府所有。"母封鲊反书(回信)，责侃曰："汝为吏，以官物见饷(赠送给我)，非唯不益，乃增吾忧也。"

意译

陶侃是东晋大将军，于国家来说是栋梁，对百姓如同父母，世上人都尊重他。他年轻时担任河梁吏，曾经派人把一坛腌鱼送给母亲吃。母亲问："这是从什么地方来的?"使者说："是官府的。"母亲便封好腌鱼，回信给陶侃，责备他说："你做官，把官家的公物赠送给我，不仅没好处，反而增添我对你的忧虑。"

阐发

1. 私拿一坛公家的腌鱼，有人认为是区区小事，但陶侃的母亲却认为是大事，把公家的东西当作自己的，这不是贪污吗?

2. 释"非唯……乃……"。这是古文中常见的句式，意为"不仅……反而……"。上文"非唯不益，乃增吾忧也"，意为"不仅没好处，反而增加了我的忧虑"。又，"酗酒，非唯无益，乃伤身也"，意为"无节制地喝酒，不仅无益，反而会伤害身体"。

11 人有四方之志

子高游赵，平原君客有邹文、季节者，与子高相善。及将还鲁，诸故人诀。文、节流涕交颐(yí)，子高徒抗手(举手，示意告别)而已。其徒问曰："先生与彼二子善，彼有恋恋之心，未知后会何期，而先生厉声高揖，此无乃非亲亲之谓乎？"子高曰："人生则有四方之志，岂鹿豕也哉而常聚乎？"

意译

子高游历赵国，平原君的门客中有叫邹文、季节的，跟子高相友好。在子高将回到鲁国时，他与众友人相别。邹文与季节泪流满面，子高却仅仅举手示意告别而已。他的学生说："先生与那两人友好，他们依依不舍，不知以后什么时候再相见。而先生高声作揖。这不是不亲热的行为吗？"子高说："人有四方的志向，难道要像鹿与猪一般经常在一起吗？"

阐发

1. 子高说得对，人有远大志向，分别是常事，不必泪流满面。

2. 释"诸"。上文"诸故人诀"的"诸"，指"众多"。又，"请诸位指教"，意为"请各位指教"。

3. 释"岂"。它指"难道"。上文"岂鹿豕也哉"中的"岂"便是。又，"岂有此理"，意为"难道有这样的道理"。

12 张升辨奸

宋张升知润州(古地名),有妇人,夫出数日不归,忽闻菜园井中有死人,即往视之,号哭曰:“吾夫也。”遂以闻官。升命属吏(下属官员)集邻里,就其井验是其夫否。邻里皆言井深不可辨,请出尸验之。升曰:“众皆不能辨,妇人独何以知其为夫?”收(抓获)付有司(官吏)鞫(jū,审)问。果妇人为奸杀其夫。

意译

宋朝的张升,曾任润州的长官。当地有个妇女,丈夫出门数日没回家,忽然听说菜园井中有个死人,她马上跑去看,随后便号啕大哭地说:“这是我的丈夫。”于是向官府报告。张升命令下属官员召集邻居,前往那井,检验那尸体是否是妇人的丈夫,邻里都说井太深无法分辨,请捞出尸体检验。张升说:“大家皆分辨不出,为什么单单那妇人知道是她丈夫?”便抓了那妇人,交给下属官吏审问。结果果然是那妇人因奸情杀死了她的丈夫。

阐发

1. 俗话说:若要人不知,除非己莫为。那妇人杀了丈夫,还要向官府告状,可恶之极。

2. 释“就”。上文“就其井验其夫否”中的“就”,作动词用,解释为“靠近”“前往”等。又,“就地取材”,意为“在本地获取所需的材料”。又,“吾儿八岁就学”,意为“我的儿子八岁前往学校读书”。又,“无书可读就富家借之”,意为“没书读,前往富人家借阅”。

13 范仲淹食粥

范仲淹家贫,读书于南都学舍,日煮粟二升,作粥一釜(fǔ,锅),经夜遂凝,以刀画为四块,早晚取二块,断齑(jī,切碎的菜或肉)数十茎食之。留守(一种职官的简称)有子与之同学(在一起学习),归告其父,馈以佳肴。范仲淹置之,既而悉败矣。留守子曰:“大人(我父亲)闻汝清苦,遗(wèi)以食物,何为不食?”范仲淹曰:“非不感厚意,盖食粥安之已久,今遽(遽然,突然)享盛馔(zhuàn),后日岂能复啖此粥乎?”

意译

范仲淹家庭贫困,在南都书院求学,每天烧粟二升做一锅粥,粥经过一夜就凝结了,他再用刀把粥切成四块,早晚各取二块,用些碎菜当粥菜。有个留守的儿子跟他一起学习,回家后告诉留守这件事情,留守便赠给范仲淹佳肴。范仲淹把佳肴放在一旁,不久佳肴全腐坏了。留守的儿子说:“我父亲听说你清苦,送给你食物,为什么不吃?”范仲淹说:“不是我不感谢你的好意,而是因为我吃粥已久,如今突然享受美食,往后还能再吃这粥吗?”

阐发

1. 吃苦耐劳,是人的美德。范仲淹长年吃粥,并且不肯接受一时的享受,坚持吃粥,坚持过清苦的日子。

2. 释“釜”。它是一种古代的炊具，相当于现代的锅。又，“釜中无食”，意为“锅里没有吃的”。又，“釜已敝，弃之”，意为“锅已坏，把它丢弃了”。又，“惶惶如釜底游鱼”，意为“急得像锅中的游鱼”。

14 宁死不吃“嗟来之食”

齐大饥。黔敖(qián áo)为食于路,以待饿者而食之(给他们吃)。有饿者蒙袂(méng mèi,用袖子遮着脸)辑屦(拖着鞋),贸贸然(昏昏沉沉地)来。黔敖左奉(捧,此指拿着)食,右执饮,曰:“嗟(jiē,喂),来食!”饿者扬其目(瞪着他的眼)而视之,曰:“予唯不食‘嗟来之食’(带有侮辱性的恩赐),以至于斯也。”从(追上去)而谢(道歉)焉。终不食而死。

意译

齐国发生大灾荒。有个叫黔敖的人在路旁安排了食物,用来给饥饿的人吃。有个饥饿的人用袖子遮住脸,拖着鞋,昏昏沉沉走来。黔敖左手拿着食物,右手拿着喝的,对饥饿的人说:“喂,来吃!”饥饿的人瞪着眼看他,说:“我就是因为不肯吃‘嗟来之食’,以至到这地步。”黔敖追上去表示道歉。但那饥饿的人最终还是不肯吃食物而死。

阐发

1. 那个饥饿的人是有骨气的,宁死也不吃“嗟来之食”。这个故事,曾被毛泽东引用过。

2. 释“饥”。它在此处指“饥荒”。上文“齐大饥”意为“齐国发生大饥荒”。又,“是年大旱,江南饥,灾民遍野”,意为“这年大旱,江南发生大饥荒,到处是灾民”。

3. 释“唯”。上文“予唯不食……”中的“唯”,解释为“因为”或“只”。又,“唯其不仕,故贫”,意为“只因为他不肯做官,所以家庭贫穷”。

15 班超投笔从戎

班超，班固（东汉著名史学家）之弟也。少有大志，涉猎书传，能辩。永平（汉明帝的年号）五年，兄固被召，为校书郎（职官名称，主掌校勘古籍等），超与母随至京城。家贫，超为官佣书（给官府作雇工抄写书籍）。久劳苦，尝辍（chuò）业投笔叹曰："大丈夫当效张骞（曾出使西域，以功封博望侯）立功异域，以取封侯之赏，安能久事笔砚间乎？"左右皆嗤之。超曰："小子安知壮士之志哉！"后果奉使赴西域，立功封侯，于史留名。

意译

班超是著名学者班固的弟弟。年轻时就有远大志向，读了很多古籍与传记，善于辩论。永平五年，班固被朝廷征召，担任校书郎，班超与母亲也跟着到了京城洛阳。班家比较贫困，班超也去给官府作雇工抄书以赚钱养家。他长期伏案工作，非常辛苦，曾扔掉笔感慨地说："大丈夫应该像张骞一样，去西域立功，以获得封侯的奖励，怎么能长久地抄抄写写呢？"周围的人都讥笑他。班超说："没见识的人哪知壮士的远大志向？"后来他果然奉命出使西域，立功封侯，在历史上留下美名。

阐发

1. 班超投笔从戎，古来被人传为有志气的人。抗日战争与抗美援朝战争期间，也有很多学生投笔从戎，保家卫国。

2. 释“辍”。它指“停顿”或“停下”。上文中的“辍业”，是指“停下抄写的工作”。又，“吾有疾，已辍学年余”，意为“我有病，已停学一年多”。又，“父辍耕为贾”，意为“父亲停下耕作，做了商人”。

16 鹳救友

某氏（姓）园中，有古木，鹊巢其上，孵卵将雏（幼禽）。一日，鹊徊翔其上，悲鸣不已。顷之，有群鹊渐鸣渐近，集古木上。忽有二鹊对鸣，若相语状，俄而扬去。未几，一鹳（guàn）横空而来，“咯咯”有声，二鹊亦尾其后。群鹊见而噪，若有所诉。鹳又“咯咯”作声，似允所请。鹳于古木上盘旋三匝（zā，周），遂俯冲鹊巢，衔一赤蛇吞之。群鹊喧舞，若庆且谢。盖（原来是）二鹊援友也。

意译

某家庭院中，有株古树，喜鹊在上面筑了巢。不久鸟卵将孵出小鹊。一天，喜鹊在古树上盘旋飞翔，不停地发出一阵阵悲鸣声。一会，有一群喜鹊边鸣叫着边飞来，最后栖在古树上。忽然有两只喜鹊相互对叫，仿佛在说话，一会儿它们又飞走了。没有多少时候，一只鹳突然从空中飞来，发出“咯咯”的叫声，那两只喜鹊也尾随在鹳的后面。那群喜鹊见了鹳都乱叫起来，似乎在诉说什么。那鹳又发出“咯咯”的叫声，好像回应它们的请求。随后，鹳在古树上盘旋了三圈，就向鹊巢俯冲，并衔出一条赤蛇吃掉了。喜鹊们欢呼跳跃，像在庆贺消除了灾害，又像感谢鸟的仗义。原来那两只喜鹊是去请求鹳来帮忙救它们的朋友的。

阐发

1. 动物之间也有情义，鹳救喜鹊就是一例。

2. 释“已”。上文“悲鸣不已”中的“已”，指“停”。又，“学不可已”，意为“学习不可以停止”。又“日劳作不已”，意为“每天劳动工作不停”。

17 张元饲弃狗

有犬为人所弃，惶惶于阡陌（田间小路）间。张元见之，即收而养之。其叔父怒曰："何用此为？"将欲逐之。元乞毋（wú，不要）弃，曰："有生（生命）之物，莫不重其性命。若天生天杀，乃自然之理。今犬为人所弃，非道也。若见而不收养，无仁心也。"叔父感其言，遂许焉。

明年，犬随叔父夜行。叔父为蛇所啮，仆地不得行。犬亟奔至家，汪汪之声不停。张元怪之，随犬出门，见叔父已不省人事。速延医治之，不日而愈。自此，叔父视犬如亲。

意译

有一只狗被人抛弃，恐惧不安地徘徊在田间小路上。张元看到了，就收留了这只狗。他的叔父生气地说："要这狗干什么？"就要赶走它。张元求叔父不要抛弃它，说："有生命的东西，没有不重视它的生命的。如果是自然生死，那也没办法。如今它是被人抛弃，这是有违道义的。如果看到了而不收养，就是没有仁慈的心。"叔父被他的话所感动，就答应收养它。

第二年，这只狗跟随叔父赶路。叔父不幸被蛇咬伤，倒在地上不能行走。狗急忙奔到家中，不停地"汪汪"叫。张元感到奇怪，跟随它出门，看到叔父已不省人事。张元赶快请医生，叔父的伤没几天就好了。从此之后，叔父看待这只狗如同亲人一般。

阐发

1. 好心得到了应有的报答。所以人人应多做好事，日久终有好的回报。恶人自有恶报，千万别做坏事。

2. 释“乞”。上文“元乞毋弃”中的“乞”，指“请求”。又，“吾与友家乞得一画”，意为“我在友人家讨取了一幅画”。又“乞邻借吾一利斧”，意为“请求邻居借给我一把锋利的斧头”。

18 徐有功不以私害公

皇甫文备(复姓皇甫,名文备),武后(指武则天)时酷吏(滥用刑罚、残害百姓的官吏)也,与徐大理(即徐有功,大理是一种司法职官名的简称)论狱(断案),诬徐(徐有功)党逆人(与谋反的人结伙),奏(报告皇上)成(构成)其罪。武后特出之(使他解脱)。

无何(不久),文备为人所告,有功讯(审问)之在宽。或(有人)曰:“彼曩时(早先)将陷公于死,今公反欲出之,何也?”

徐曰:“汝(你)所言,私忿也;我所守(遵守)者,公法也。安可以私害公?”

意译

皇甫文备是武则天时期的酷吏,曾经同徐有功一起断案,他诬蔑徐有功跟谋反的人是同伙,并报告皇上以正式定罪。武则天弄清事实后特地释放了徐有功。

不久,皇甫文备被人告发有罪,此案由徐有功审理,徐有功从宽发落了皇甫文备。有人问徐有功:“他早先差点把你陷害死,如今你反而要宽大释放他,这是为什么呢?”

徐有功说:“你所说的是私人怨仇,我所遵守的是公家法律。怎么可以因为私仇而损害公法呢?”

阐发

1. 徐有公大公无私，曾被皇甫文备诬陷入狱，武则天特地释放了他。后来文备为人告发，徐有公反而赦免了他，不记私仇。

2. 释“彼”。指“他”或“它”。上文“彼曩时”中的“彼”，即指“他——徐有功”。

3. 释“忿”。指“恨”或“怒”。上文“私忿”即“私人的仇恨”。又，“无泄私忿也”，意为“不要发泄私人的怨恨”。

19 相见无愧色

刘敏中幼卓异不凡，年十三，语其父景石曰："昔贤足于学（在学问上有成就）而不求知（让别人了解），丰于功而不自炫（夸耀），此后人所弗及也。"父奇之。乡先生杜仁杰爱其文，常称之。敏中尝与同侪（辈）言其志曰："自幼至老相见而无愧色，乃吾志也。"

意译

刘敏中小时候特别突出，与众不同，十三岁那年，他对父亲刘景石说："从前有才能的人在学问上有成就而不追求别人知道，有功劳而不自夸，这是后代人比不上的。"父亲听后很惊奇。乡里的老师杜仁杰爱他的文章，常称赞他。刘敏中曾经跟同辈人说他的志向："从小至老与人相见而面无愧色，这就是我的志向。"

阐发

1. 一辈子与人相见而面无愧色，这不是容易做到的。只有一直问心无愧的人才做得到。

2. 释"奇之"的语法现象。"奇之"意为"惊奇，对……感到惊奇"。又"此儿日书千言，人皆奇之"，意为"这孩子每天写一千字，人们都对此感到惊奇"。

20 吴讷自贵州还

都御史(古代官名)吴讷(nè),按(巡视)贵州还,有司以黄金百两馈公,追送至夔州(古州名)。公不发封,反之,题诗其上曰:“萧萧(俭朴的样子)行李向东还,要过前途最险滩。若有赃私并土物,任教沉在碧波间。”

意译

都御史吴讷,巡视贵州回来,有官吏用百两黄金为礼物,一直追到夔州要送给他。吴讷不开礼物的封口,让人送回去,而且在上面写了首诗:“萧萧行李向东还,要过前途最险滩。若有赃私与土物,任教沉在碧波间。”

阐发

1. 吴讷不收礼物,体现了他的为官清廉,为历代官员树立了榜样。

2. 释“馈”。它指“赠送”。上文“以黄金百两馈公”中的“馈”即是。又,“友人馈吾一羊”,意为“朋友送给我一头羊”。

21 友人助胡公

胡公家濒湖滨，时值秋月（秋季），连日大雨，胡公家为水所淹，无法居，遂徙友人家住。友人待之甚善，日有鱼虾。胡公曰：“未知何以谢之？”友人曰：“尔有难，何出是言？”后水退，即归家，衣物尽湿。友人遂遗衣被为之解急。友人七十而亡，胡公哭之甚哀。

意译

胡公家靠近湖边，当时正遇秋季，连日大雨，胡公的家被大水淹没，无法居住，就搬到朋友家住。友人招待他们极好，每天有鱼虾可吃。胡公说：“不知今后怎么答谢你？”友人说：“你有困难（我就帮忙），为什么要说这话？”后来水退了，胡公回家一看，家里的衣服和物品全被水浸透了。友人就送衣服被子给他解急。这位友人在七十岁的时候去世了，胡公哭得十分伤心。

阐发

1. 胡公有难，友人便招待他，还送衣物给他。友谊重于一切。真挚的朋友难得。

2. 释“滨”。它指“水边”。又，“吾家居河滨”，意为“我家在河边”。又，“于水滨见一大鳖”，意为“在水边看到一只大甲鱼”。

22 张乖崖斩杀库吏

张乖崖为崇阳(古县名)令,一吏自库(钱库)中出,视其鬓旁巾(头巾)下有一钱(铜钱),诘(责问)之,乃库中钱也。乖崖命杖之,吏勃然(发怒的样子)曰:“一钱何足道,乃杖我耶?尔能杖我,不能斩我也!”乖崖援笔判云:“一日一钱,千日千钱,绳锯木断,水滴石穿!”自仗剑下阶斩其首。

意译

张乖崖担任崇阳的县官。一个吏员从钱库里出来,张看到他鬓发旁头巾下有一个铜钱,就责问他,得知这原来是钱库里的铜钱。张乖崖叫人用棍棒责罚他,那吏员勃然大怒地说:“一个铜钱哪值得说它,竟然要打我吗?你能打我,但不能杀我!”显得十分强硬。张乖崖拿起毛笔判道:“一天偷一个铜钱,一千日偷一千个铜钱,绳锯木断,水滴石穿!”判完后他亲自拿了剑走下台阶,砍了吏员的头。

阐发

1. 库吏偷了一个铜钱,还要强头倔脑,张乖崖把他杀了。现在看来似乎有点过分,但在当时是可以的,而且杀一儆百,以后便没人再敢偷窃钱库里的铜钱。

2. 释“诘”。它指“责问、追问”。上文“诘之”意为“责问他”。又,“令诘之,盗不言”,意为“县令责问他,小偷不回答”。又,“母诘儿,是钱何来”,意为“母亲追问儿子,这钱是从什么地方得来的”。

23 齐人有好猎者

齐（齐国）人有好猎者，旷日持久而不得兽。入则羞对其家室，出则愧对其知友。其所以不得之故，乃狗劣也。人曰："君宜致力于耕作。"猎者曰："何为？"人不对。猎者自思，得无欲吾耕作有获，后市良犬乎？于是退而疾耕，疾耕则家富，家富而市得良犬。于是猎兽之获，常过人矣。非独猎也，百事皆尽然。

意译

齐国有个爱好打猎的人，浪费了很多时日，而猎不到野兽。回家后面对家里人感到羞耻，到外面对朋友感到惭愧。他之所以猎不到野兽，是因猎狗不好。有人说："你应该努力耕作。"猎者问："这是为什么？"那人不回答。猎人自思，莫非让我耕作有收获，然后买良犬吗？于是他回家后努力耕作，努力耕作后家庭便富裕了，家中富了就去买了优良的猎犬。于是他打猎的收获，常常超过别人。这不只是打猎的事如此，做其他各种事都是一样的道理。

阐发

1. 打猎要有良好的猎狗。古人说"工欲善其事，必先利其器"，意为"工匠要干好他的工作，必须先把他的工具磨得锋利"。

2. 释"对"。上文"人不对"中的"对"，指"回答"。又，"吾询之，其人弗对"，意为"我询问他，那人不回答"。又，"帝问，然无人对"，意为"皇帝问，然而没人回答"。

24 小儿饲鹊

邻庭有树，其上一巢，鹊育二子，日“呱呱”自鸣。后值狂风，树折巢毁，二雏坠地。一儿见之，不胜喜，怀而归，旦夕喂之，爱甚，稍长（渐渐长大）而飞。一猫袭来，攫（jué，抓，夺）而去，儿亟（jí，立刻）逐之，不及，顿足而泣。儿曰：“早知是，吾放汝林间，且不为猫所食也。是乃吾之过也。”

意译

邻居院中有棵树，树上有鸟鹊筑了一个巢，那鸟鹊生了两只小鸟，每天“呱呱”地鸣叫。后来遇到大风，树枝折断，鸟巢被毁，两只小鸟掉落在地上。一个小孩看见了，无比高兴，把它们藏在怀里带回家，早晚喂养它们，非常爱护它们，后来小鸟渐渐长大能飞了。有只猫突然来袭击，抓走了它们。小孩立刻追赶，可是已经来不及了，只好顿脚而哭。小孩说：“如果早知道是这般结果，我会把它们放飞在树林间，这样它们不会被猫吃掉。这是我的过错。”

阐发

1. 鸟是人类的朋友，花香鸟鸣，多么美好的生活环境。可恶的是猫，竟然把小鸟抓走吃了。

2. 释“值”，它在此处指“遇到”。上文“值狂风”意为“遇到大风”。又，“值中秋，举家欢聚”，意为“遇到中秋节，全家欢乐聚会”。

25 刘玄佐之母

刘玄佐(唐代历史人物)贵为将相,其母月织絁一匹,示不忘本。每观玄佐视事(处理公务),见县令走阶下,退必语玄佐:“尔贵为将相,吾向见长官白事卑敬(低头恭敬),不觉恐悚(sǒng,害怕的样子)。思汝父为吏本县时,常畏长官汗栗(发抖)。今尔何安也?”因喻以朝廷恩寄之重,须务捐躯,故玄佐终不失臣节。

意译

唐朝的刘玄佐贵为将相,他的母亲每月织絁一匹,以表示不忘本。每当她看到玄佐处理公务时县令们在阶下行走的样子,回家后总是对刘玄佐说:“你已经贵为将相,我早先看到有官员向你报告,低头弯腰,十分恭敬,不觉恐惧害怕。想到你父亲在本县做官时,常因害怕长官而出汗发抖。如今你(也这样对待下属)于心何安呢?”于是告诉他朝廷授以他重任,他务必鞠躬尽瘁,所以玄佐始终不失做大臣的气节。

阐发

1. 刘玄佐母亲的告诫,真心诚意,希望儿子做一个良臣。

2. 释“向”。上文“吾向见……”中的“向”,指“早先”。又,“向吾居淮南”,意为“我早先住在淮南”。又,“向尔父为医”,意为“早先你父亲是当医生的”。

26 鲁宗道诚实

鲁宗道为人刚直，疾恶（痛恨坏人坏事）少容（不肯容忍），遇事敢言，为不小谨（谨小慎微）。

为谕德（教育太子道德的官）时，居近酒肆，尝（曾）微行（帝王或高官隐蔽自己的身份改装出行）就（到……去）饮肆中，偶（恰遇）真宗亟（jí，急）召，使者及门，久之，宗道方自酒肆来。使者先入（指先回宫中），约曰："即（如果）上（皇帝）怪公来迟，何以为对（用什么话回答）？"宗道曰："第（只）以实言对。"使者曰："然则（要是这样，那么）公当得罪（获罪）。"曰："饮酒，人之常情，欺（欺骗）君，臣子之大罪也。"

真宗果问，使者具以宗道所言对。帝诘之（指代鲁宗道），谢（谢罪）曰："有故人自乡里来，臣家贫无杯盘，故就酒家饮。"帝以为足实（忠实，诚实）可大用。

意译

鲁宗道为人刚直，疾恶如仇，遇事敢直说，从不谨小慎微。

他曾任教育太子的"谕德"之职，任此职时他住的地方靠近酒店。有一次，他换上便服，到酒店里去喝酒。没料到正好遇到真宗皇帝有急事要召见他。使者到他家，不见人，等了好长时间，他才从酒店回家。使者把情况向他通报后就先回宫了，临走时说：“要是皇上责怪您拖延了这么长时间，我怎么回答呢?”鲁宗道说：“你只管据实向皇上禀报。”使者说：“要是实说，您要得罪皇上的。”鲁宗道说：“喝酒，这是人之常情，要是说谎欺骗皇上，这才是做臣子的大罪。”

使者回去后真宗果然问他为什么拖了这么久，使者便把鲁宗道说的如实禀报了。等鲁宗道来到后，真宗就拿这件事责问他。鲁宗道谢罪说：“有老朋友从乡下来，而我家里穷得连杯盘碗盏也没几只，怎么招待呢？所以只好带他到酒店里去喝酒。”宋真宗听了，认为鲁宗道是个忠厚诚实的人，可以重用。

阐发

1. 诚实是美德，说谎是恶习。骗子能骗得一时，不能骗得一世。

2. 释“肆”。它指“店铺”。上文“居近酒肆”，意为“住的地方靠近酒店”。又，“此物肆中有售”，意为“这东西店铺里有卖”。

27 辽阳妇吓退东山虏

辽阳东山虏，剽掠（抢劫掠夺）至一家，男子不在，在者唯（只有）三四妇人耳（罢了）。虏不知虚实，不敢入其室，于院中以弓矢（箭）恐（恐吓）之。

室中两妇引（拉）绳，一妇安（安放）矢于绳，自窗绷（拉紧）而射之。数矢后，贼犹不退，矢竭（尽）矣，乃大声诡呼曰："取箭来！"以麻秸一束掷之地，作（发出）矢声。

贼惊曰："彼（他们）矢多如是（此），不易制（制服）也！"遂退去。

意译

辽阳东山地方的外敌，一路上抢劫掠夺到一户人家。这家的男人都不在家，只有三四个妇女。外敌不知虚实，不敢贸然冲进这家的房间，就在院子里用弓箭吓唬她们。

房间里两个妇人拉住绳子，另一个妇女把箭搁在绳上，绷紧绳子后从窗口射人。射了好几箭后敌人还不退去，可是箭用尽了，于是妇女们大声诡呼："把箭拿来！"同时一个妇女把一捆麻秸秆在地上，发出像一捆箭落在地上般的声音。

敌人就慌了，说："她们有那么多箭，不容易制服啊！"于是就退走了。

阐发

1. 这几位妇女勇敢且有智慧，可称巾帼英雄。

2. 释“矢”。它指“箭”。上文中的“矢”，均指“箭”。又，“其为流矢所中”，意为“他被流箭击中”。

28 张二杀倭寇

丐者张二，倭乱（此处指明朝时候倭寇骚扰我东南沿海地区的历史事件），郡守募使泅水探（侦察）贼（指倭寇），屡获真耗（确实的消息），且时（不时地）斩贼首以献。

赐以银牌犒（赏）金，俱（都）不肯受。贼平（平定），论功应世袭（世代可承袭的）百户（官职名称）。郡县给予章服（有花纹图案的官服），张摇手曰："吾安用（哪儿用得着）此角带（用牛角装饰的腰带）皂袍（黑色的长袍，此处指官服）？朔望进辕门逐队叩头，犹如贫优演剧，岂如往来乞食得以自由。吾以忘于辱，何羡乎荣？"

或（有人）问其杀倭事，则笑而不答。

意译

明朝倭乱时有个叫张二的乞丐，当时郡守招募擅长泅水的人当探子，张二便应征。他屡次获得敌人的真实情报，而且不时地砍下敌人的头颅献给郡守。

郡守赏赐给他银牌和赏金，他都不肯收下。倭寇被平定后，张二论功劳可当世袭百户。郡守给他官服，他摇摇手拒绝说："我哪用得着这角带官服？当官要每月朔望二日到辕门里排着队向上司叩头，就好像演员演戏一样，哪有要饭自由。我既然不想叩头受辱，又怎能贪慕做官的荣华呢？"

有人问他杀倭寇的事，他总是笑而不答。

阐发

1. 张二杀倭寇有功，却向往自由不愿受封赏，是个爱自由胜过爱名利的英雄。

2. 释“屡”。它指“多次，一次又一次”。上文“屡得真耗”意为“多次获得真实情报”。又，“屡战屡胜”，意为“每次作战都能获胜”。

29 颜延之责子

颜延之子竣(南朝宋人)贵重,凡所资供,延之一无所受,布衣茅屋,萧然知故。常(曾)乘羸(瘦弱)牛笨车,逢竣卤簿(仪仗队),即屏住道侧。常语竣曰:“吾生平不喜见要人,今不幸见汝!”竣起宅,延之谓曰:“善为之,无令人笑汝拙也。”延之尝早诣竣,见宾客盈门,竣尚未起。延之怒曰:“汝出粪土之中,升云霞之,遽骄傲如此,其(岂)能久乎?”后被杀。

意译

颜延之的儿子颜竣,是高贵的朝廷要人,但凡是颜竣供给颜延之的资财,颜延之一概不收,他住的是茅草屋,家中空荡荡的像早先一样。颜延之曾乘坐瘦牛拉的笨重的车,遇到颜竣的仪仗队,就停在路旁。他经常对颜竣说:“我平生不喜欢看到要人,如今不幸碰到你。”颜竣盖新屋,颜延之对他说:“好好地处理各种事情,不要让人讥笑你笨拙。”颜延之曾经一早到儿子家,看到宾客满室,但是颜竣还没起床。颜延之就生气地说:“你出身并不高贵,但升到朝廷重臣的位置上就如此骄傲,难道能长久吗?”后来颜竣因事而被杀。

阐发

1. 颜延之的忠言,出于内心。然而儿子不听,据史料记载,颜竣后来被处死。

2. 释“拙”。它在此处指“愚笨”。上文“无令人笑汝拙也”中的“拙”即此。又,“吾拙,常为人讥”,意为“我愚笨,经常被人讥笑”。

30 和尚正阁

苏州重元寺阁一角忽垫(陷)。计其扶荐(扶正荐直)之功(成本),当用钱数千贯(古代一千个铜钱为一贯)。有游僧(游食四方的和尚)曰:“不足劳人。请一夫斫(zhuó,削)木为楔(xiē,一头厚一头薄的木片,俗称楔子),可以正也。”寺主从之,僧每食毕,辄(总是)持楔数十,执柯(斧柄,此处指斧头)登阁,未逾(超过)月,阁柱悉正。

意译

苏州重元庙阁一角忽然发生下陷。寺里计算把它扶正的成本,要花数千贯。有个云游四方的和尚说:“不用劳动别人。只要请个人削木片作为楔子,就可以把它扶正。”寺主听从了他的建议,和尚每次吃完饭,就拿了斧头和数十个楔子登上阁楼,没超过一个月,楼阁的柱头就全被扶正了。

阐发

1. 这个和尚有智慧,不花一分钱,便把塌陷的地方修正了。

2. 释“逾”。它在此处指“超过”,“儿远求学,逾二年未归”意为“去远方求学,超过二年没回家”。又,“逾月,疾愈”,意为“超过一月,病好了”。又,“贼逾墙而遁”,意为“小偷越过墙头逃跑了”。

31 狂　泉

昔有一国，国有一水，号曰“狂泉”。国人饮此水，无一不狂。唯（只有）国君穿井而汲（取水），故无恙（yàng）。国人既狂，反谓国君之不狂为狂，于是聚谋，共执国君，疗其狂疾，针药莫不毕具（全用上）。国君不胜其苦，遂至狂泉酌而饮之。于是君臣大小，其狂若一，国人乃欣然。

意译

从前有个小国，国中有一处叫“狂泉”的泉水。百姓喝了这水都会发狂。只有国君打井取水，所以没有发狂。国中百姓都已发狂，就认为没有发狂的国君才是发狂了，于是聚在一起商量，随后一同抓住国君，针灸吃药全用上了，要为国君治狂病。国君受不了这痛苦，就到狂泉酌水喝。于是君臣百姓都发狂了，全国百姓这才高兴。

阐发

1. 这是一则笑话，但它说明多数人糊涂时，反认为清醒的人不正常。

2. 释“恙”。它指“病”。上文“无恙”即“没病”。又，“父母年老而无恙”，意为“父母亲年纪大了，然而没生病”。又，“近无恙，请放心”，意为“近来没生病，请放心”。

32 李离自刎

李离者，晋文公（春秋时晋国国君）之理（古指法官、狱官）也。因过（误）听而处人以死。李离悔，自拘求死。文公曰："官有贵贱，罚有轻重，下吏有过，非子之罪也。"李离曰："臣居官为长，不与吏让位；受禄为多，不与下分利。今过听杀人，傅（同"附"，指转嫁）其罪下吏，非所闻也。"遂不受令（不接受晋文公宽恕他的命令），拔剑自刎。

意译

李离是晋文公手下的法官，因为错听了下属的话而把无罪的人杀了。他很懊悔，让人把自己抓起来求请死刑。晋文公说："官有贵贱，罚有轻重，你手下人有错，不是你的罪。"李离说："我做上官，不把这位置让给下属，拿了很多俸禄，也不分给下属。如今误听下属的话而杀错了人，却把罪责转嫁给下属，这种事从来没听说过。"于是他坚持不听从晋文公的命令，拔剑自杀了。

阐发

1. 李离错杀了无辜的人，敢于自担责任，竟然自杀。比较而言，那些做错了事却千方百计推诿责任的人是多么可耻。

2. 释"过"。上文"下吏有过"中的"过"，指"错"。又，"有过则改"，意为"有了错就要改正"。又，"此非吾之过"，意为"这不是我的错"。

33 观　弈

予（我）观弈（下围棋）于友人所。一客数败，嗤（嘲笑）其失算，辄（zhé，就）欲易置之（想取代他），以为不逮己也。

顷之，客请与予对局，予颇（很）易之（轻视他）。甫（刚）下数子，客已得先手。局将半，予思益苦，而客之智尚有余。竟局数之，客胜予十三子。予赧（nǎn，因羞愧而脸红）甚，不能出一言。

后有招予观弈者，终日默坐而已。

意译

我在友人家看人下围棋。有一个人多次输棋，我便嘲笑他失算，还想取代他与胜方下棋，认为他比不上自己。

过了一会儿，那输棋的人请我跟他对局比赛，我还挺小瞧他。但刚下了数子，那人已占了优势。棋下到一半，我就已陷入了苦思，然而那友人却还游刃有余的样子。终局计算，那人胜我十三子。我面红耳赤，一句话也讲不出来。

此后若有人邀我看下棋，我便一整天默默地坐着观棋，一言不发。

阐发

1. 观棋不语真君子。不要轻视别人，因为自己也不一定比别人强。
2. 释“予”，它在此处指“我”。在文言中表示第一人称的有“予”“吾”“余”等。

34 桓荣勤学不倦

桓荣初遭仓卒(社会动乱),与族人桓元卿同饥厄(困苦),而荣诵不息,元卿嗤荣曰:“但自苦气力,何时复施用乎?”荣笑而不应。及为太常(朝廷高官),元卿叹曰:“我农家子,岂意学之为利若是哉!”

意译

桓荣早年遭到社会动乱,与同族人桓元卿同样饥饿困苦,然而桓荣读书不停,桓元卿讥笑他说:“你只是自讨苦吃,什么时候又能用得上呢?”桓荣笑笑而不回答。后来桓荣做了朝廷高官,元卿感叹地说:“我是种田人家的儿子,哪儿能想到学习的好处能像这样啊。”

阐发

1. 释“息”。它在此处指“停”“停下来”。上文中的“诵不息”,意为“不停地读书”。又,“日耕作,无息日”,意为“每天耕作,没停下来的时候”。

2. 释“利”。它在此处指“利益”“好处”等。上文中的“为利”,意为“获得的好处”。又,“无利可图”,意为“没得到什么好处”。

35 红 毛 毡

红毛国（明时对荷兰之称，清中叶之后亦指英国），旧许与中国相贸易。边帅见其众，不许登岸。红毛人固请赐一毡地足矣。边帅思一毡所容无几，许之。其人置毡岸上，仅容二人，拉之容四五人。且拉且登，顷刻毡大亩许，已登数百人矣。短刃并（同时）发，出于不意，被掠数里而去。

意译

红毛国早先被允许同中国进行互相贸易。边帅看到他们人多，不同意他们登岸。红毛人再三请求给一块毡那么大的地方就可以了。边帅想一块毡那么大的地方没多大，便答应了。红毛人把毡放在岸上，开始仅容二人，又拉毡，能容四五人。他们边拉毡边登陆，一会儿毡就占了一亩地那么大的地方，已能容纳数百人了。红毛人同时拔出短刀，突然发难，边帅没想到他们会这样，结果被他们劫掠了好几里地方。

阐发

1. 红毛人非常狡猾，用软硬兼施的手段掠夺我国。侵略者是不择手段的，当年日寇侵华，也是威逼利诱使我大片国土沦陷。

2. 释“无几”。上文中的“所容无几”，意为“所能容纳的没多少”。又，“粮无几矣，且尽”，意为“口粮没多少了，将要吃完了”。又，“盈利无几”，意为“获利没多少”。

36 宋濂苦学

余（此处为明初政治家、文学家宋濂自称）幼时即嗜学。家贫，无从（无法）致（买）书以观，每假于藏书之家，手自笔录，计日以还。天大寒，砚冰坚，手指不可屈伸，弗之怠（放松）。录毕，走（快跑）送之，不敢稍逾约。以是，人多以书假余，余因得观群书。

意译

我小时候就喜爱读书，但是家庭贫困，无法买书阅读，就经常向有藏书的人家借书，然后亲手抄写，到约定的日子归还。天极冷，砚台里的墨水结成冰，甚至我的手指不能屈伸，但我从不放松。抄录完毕，我快跑着把书送回去，不敢稍微超过约定的日期。所以别人多愿意借书给我，我因此能阅读很多书。

阐发

1. 宋濂爱读，买不起书，就向别人借读。如今有些人有书都不读，更不要说借书读了，对比古人，岂不汗颜。

2. 释“毕”。它指“完”“完毕”等。上文“录毕”即“抄写完毕”。又，“日将暮，耕毕归家”，意为“天将晚，耕作完毕就回家”。又，“事尚无毕，不亟于归家”，意为“事情尚未做完，不急于回家”。

37 子贡论孔子

齐景公谓子贡(孔子的学生)曰:“子谁师?”曰:“臣师仲尼(孔子字仲尼)。”公曰:“仲尼贤乎?”对曰:“贤。”公曰:“其贤若何?”对曰:“不知也。”公曰:“子知其贤而不知其奚若(像什么样),可乎?”对曰:“今谓天高,无(无论)少长愚智皆知高,高几何,皆曰不知也。是以知仲尼之贤而不知其奚若。”

意译

齐景公问子贡:“您拜谁为师?”回答说:“我拜孔子为师。”齐景公又问:“孔子有才德吗?”回答说:“有才德。”齐景公又问:“他的才德如何呢?”回答说:“不知道。”齐景公说:“你知道他有才德但不知道他的才德如何,这样可以吗?”回答说:“如今说天高,无论是老人、小孩还是聪明人、笨人都知道天高,但是天到底有多高,大家都说不知道。这就和知道孔子有才德而不知道他的才德如何一样。”

阐发

1. 子贡用天多高作比喻,说明孔子极好。这比喻相当确切,回答得也很巧妙。

2. 释“对”。它在此处指“回答”。上文中的“对曰”,意为“回答说”。又,“母询吾学业如何,吾对曰善”,意为“母亲问我学习得怎样,我回答说相当好”。

3. 释“师”。此处“师”作“拜……为师”解,因此“子谁师”释为“您拜谁为师”。

38 纥干狐尾

并州(古地名)有人姓纥(hé)干,好戏剧(开玩笑)。邑传言有狐魅,人心惶。一日,纥干得一狐尾,遂缀(zhuì,用线缝)于衣后,至妻旁,侧坐露之。其妻疑为狐魅,遂密持斧,欲斫(zhuó,砍)之。纥干亟云:"吾非魅。"妻不信。走,至邻家,邻家又以刀杖逐之。纥干叩头谢:"我纥干也,第戏剧耳,何意专杀我?"

意译

并州有个人叫纥干,好开玩笑。有一次县里传说有狐狸精,闹得人心惶惶。一天纥干得到一条狐狸尾巴,就缝在衣服后面,来到妻子旁边,坐在她边上露出狐尾。妻子怀疑他是狐狸精,就想用斧头砍他。纥干急忙说:"我不是狐狸精。"妻子不信。纥干只好逃走,到了邻人家中,邻人又用刀棍赶走他。纥干叩头讨饶,说:"我是纥干,只是开玩笑罢了,为什么你们专门要杀我。"

阐发

1. 开玩笑要有分寸,像纥干这样装神弄鬼,险些闹出人命。据记载,有人酗酒后胡作非为,跟朋友开玩笑,结果把对方打伤了,闯了大祸,这种玩笑都是要不得的。

2. 释"第"。上文"第戏剧耳"中的"第",意为"只是""仅仅"。又,"第一狼",意为"只是一只狼罢了"。又,"第一莽汉",意为"只是一个莽汉子"。

3. 释“戏剧”及其他。文言中的“戏剧”是指开玩笑。上文“好戏剧”与“第戏剧耳”，意为“喜欢开玩笑”与“只是开玩笑罢了”。这是古今词形相同而含义不同的现象。又，文言中的“青春”是指大好春光，“交通”指互相往来，“处分”是指安排，“结实”是指植物长果子，“烈士”是指有抱负的男子。

39 李廙有清德

李廙(yì)为尚书左丞(职官名称),有清德。其妹,刘晏妻也。晏方秉权,尝造廙宅,延至室。晏见其门帘甚弊,乃令潜度广狭,以粗竹织成,不加缘饰,将以赠廙。三携至门,不敢发言而去。

意译

李廙担任尚书左丞,有廉洁的品德。他的妹妹是刘晏的妻子。当时刘晏正掌权,曾经拜访李廙家,被邀请到屋里坐。刘晏看到李廙家的门帘很破旧,便叫人悄悄地测量它的长度与宽度。随后刘晏让人用粗竹编织成不加修饰的门帘,想把它赠送给李廙。但刘晏多次带着这个门帘去李廙家,始终未敢开口说这事就走了,因为他怕李廙不接受礼物,反会批评自己。

阐发

1. 李廙廉洁。妹夫是朝廷高官,看到他家门帘破旧,想送给他新竹帘,也怕他不肯接受。

2. 释"弊"。它在文言中常指"破旧"。上文"帘甚弊"中的"弊"即是。又,"帚敝不可用,弃之",意为"扫帚已破旧不能再用,扔了它"。

3. 释"三"。它既是实数,又是虚数。"孟母三迁"中的"三"指"三次",是实数。又,"三日不食"中"三"也是实数。上文"三携至门"中的"三"可视为虚数,指"多次"。

40 刻舟求剑

楚人有涉(渡)江者,其剑自舟中坠于水,遽(jù,匆忙)契(刻)其舟曰:是吾剑之所从坠。舟止,从其所契者入水求之。舟已行矣,而剑不行,求剑若此,不亦惑(糊涂)乎?

意译

有个楚国人渡江,他的剑从船上掉落在江中,他立刻在船舷上刻了个记号,说:“这儿是我的剑掉落的地方。”船到岸后,那人便从刻记号的地方下水寻找。船已经移动了,而剑沉在江底没动,像这样找剑,不是很糊涂吗?

阐发

1. 这虽然是则寓言,但说明做事要灵活,不能死板地老一套。此人刻舟求剑,愚蠢至极。

2. 释“坠”。上文“坠于水”中的“坠”,意为“掉落”。又,“其人自山崖坠”,意为“那人从山崖上掉了下去”。又,“坠叶满庭”,意为“满院都是落叶”。

3. 释“亦”。它指“也”“也是”。“有朋自远方来,不亦乐乎?”意为“有朋友从远方来相聚,不是很快乐的事吗?”又,“吾亦楚人也”,意为“我也是楚国人”。

41 黠狼

有车夫载重登坡，方极力时，一狼来啮其臀。欲释手，则货敝（车上的货物将摔破）身压（身体将被车压住），忍痛推之。既上，则狼已龁（hé，咬）片肉（指车夫身上的一块肉）而去。乘其不能为力之际，窃尝一脔（luán，切成小块的肉），亦黠而可笑也。

意译

有个车夫拉着重物爬坡，正在用力向上爬时，一只狼赶来咬他的臀部。他想放手赶走狼，那么车上的货物将摔坏，而且车子会压住他的身体，于是他只好忍着痛推车。等到车上了坡，那狼已经咬掉了他身上一块肉逃走了，真是既狡猾又可笑。

阐发

1. 这只狼十分狡猾，乘车夫不备就咬了一口他身上的肉。如今社会上也有近乎这狼的人，他们专门利用网络骗钱，卑鄙到极点。

2. 释“既”。文言中的“既”，多指“已经”“……之后”，表示过去。上文“既上”，应理解为“已经上了坡”或“上了坡之后”，如果解释为“既然上了坡”，那就错了。又，“既食”，意为“吃过饭之后”；“既胜”，意为“已经获胜”。成语有“既往不咎”，意为“已经过去了的错误就不再责备”。

42 拔苗助长

宋人有闵(mǐn,担忧)其苗之不长而揠(yà,拔)之者,芒芒然(疲劳的样子)归,谓其家人曰:"今日病矣!予助苗长矣!"其子趋(急走)而往视之,苗则槁(gǎo,枯萎)矣。

天下之不助苗长者寡矣!以为无益而舍之者,不耘苗者也;助之长者,揠苗者也,非徒(不仅)无益,而又害之。

意译

宋国有个人担忧他的禾苗长得不高而去拔高它,他很疲劳地回到家,对家里的人说:"今天劳累极了!我帮助禾苗长高了!"他的儿子急忙到田间去看禾苗,禾苗已枯萎了。

天下不希望禾苗长得快一些的人很少啊!以为没有用处而放弃的人,就像不给禾苗锄草的人;妄图帮助它生长的人,就像这个拔苗助长的人,不但没好处,反而有害。

阐发

1. "拔苗助长",又称"揠苗助长"。禾苗生长有自然规律,不能人为将它拔高。有些家长让很小的子女学过多的东西,这跟拔苗助长有什么两样呢?

2. 病。文言中的"病",除了作"疾病""生病"解释外,还有很多其他含义。上文"今日病矣"中的"病",指"劳累",意为"今天累坏了"。又,"屡教不改,尔之病也",其中的"病"指"过错""错误";"尔之病在无技",意为"你的缺点在于没技术"。

43 葛洪卖薪买纸

葛洪，丹阳（古地名）人，贫无僮仆，篱落（篱笆）不修，常披榛（zhēn，杂乱的草木）出门，排草入室。屡遭火，典籍尽，乃负笈徒步，借书抄写，卖薪买纸，然（同“燃”）火披览。

意译

葛洪是丹阳人，家中贫穷没仆人，篱笆坏了也不修整，经常用手拨开杂乱的草木出门，又推开杂草回家。他家中屡次遭遇火灾，家里的典籍全被烧光了，他便背着书箱走路，到别人家借书抄写，然后卖柴火买纸，点燃柴火翻看借来的书。

阐发

1. 葛洪家中屡次遭遇火灾，典籍全部烧光，他便向人借书抄写学习。要学习，办法总是有的，可怕的是有书不读，把它扔在一旁，这样一辈子无学问，不要说事业有成了。

2. 释“览”。上文“然火披览”中的“披览”，意为“翻阅”。又，“日览百篇”，意为“每天阅读百篇文章”。又，“见异书，则览而抄”，意为“看到难得的好书，读后便抄录”。

44 有罪裹碧头巾

李封为延陵(古地名)令,吏人有罪,不加杖罚,但令裹碧头巾以辱之。随所犯轻重,以日数为等级,日满乃释。吴人著此服出入州乡以为大耻,皆相劝无敢犯,赋税常先诸县。既去官,竟不杖一人。

意译

李封担任延陵县官,如果有官吏犯了轻罪,不杖责惩罚,而是让犯法的人头上裹绿头巾,以此让他感到羞耻。戴这种头巾按罪行轻或重,用天数作等级,日期满了,才能脱掉头巾。当时吴地如果有人裹了绿头巾出入州乡,人们都认为是奇耻大辱,因此互相劝诫,不敢犯罪,该地向上缴纳的赋税,常常比别的县多。到李封离职时,竟然一个官吏也没杖责过。

阐发

1. 李封对有罪的人(当然是轻罪),不加杖责,而给他裹上绿头巾。这虽然有辱人格,但在当时倒是个有效的办法。

2. 释"释"。上文"日满乃释"中的"释",指"放""解脱"等。又,"其人入狱二年乃释",意为"那人在狱中蹲了二年才放出来"。又,"其罪重,久而不释",意为"他罪行大,长久不得释放"。

45 “圣小儿”祖莹

祖莹年八岁，能诵《诗》《书》，十二，为中书学生。好学耽书，以昼继夜。父母恐其成疾，禁之，不能止。常密于灰中藏火，驱逐僮仆，父母寝睡之后，燃火读书，以衣被蔽塞窗户，恐漏（泄露）光明，为家人所觉。由是声誉甚盛，内外亲属呼为“圣小儿”。

意译

祖莹八岁时就能背诵《诗》和《书》，十二岁就成了中书学生。他很好学，整天沉浸在读书之中，夜以继日，父母担心他这样下去会得病，但却阻止不住他。他常常秘密地在灰中藏着火种，晚上赶走仆人，等父母上床睡觉后，再点火读书，他还用衣服被子遮盖窗户，担心泄露光亮，被家里人发觉。祖莹因此名声很大，父母与亲戚都叫他“圣小儿”。

阐发

1. 祖莹如此刻苦读书，父母担心他得病，他却依旧想方设法阅读，沉浸在读书中。

2. 释“耽”。它指“沉浸”“专心”等。上文中的“耽书”，意为“沉浸在读书中”。又，“彼耽于酒”，意为“他沉浸在酒中”。又，“耽于书”，意为“沉浸在练字中”。

46 为者常成

梁丘据谓晏子曰:"吾至死不及夫子矣。"晏子曰:"婴(晏子名婴)闻之,为者常成,行者常至。婴非有异于人也,常为而不置(放弃),常行而不休而已(罢了)。"

意译

梁丘据对晏子说:"我到死也比不上你了。"晏子回答说:"我听人说,努力做事就会成功,不断地行走就会到达目的地。我跟别人没什么不同,只是努力干事而不放弃,不断地行走而不停下来罢了。"

阐发

1. "为者常成"应该成为每个人的座右铭。任何事情只要去做,而且坚持不懈地做下去,总会成功的,最怕的是三天打鱼,两天晒网。

2. 释"及"。它指"赶上""追上"等。上文"吾至死不及夫子矣"意为"我到死也比不上你了"。又,"及于河,敌已遁",意为"追到河边,敌人已逃跑"。

47 割席分坐

管宁与华歆(xīn),俱为汉末人。初,二人共园中锄菜,见地有片金。管挥锄,视而不见,与瓦石无异。华捉而喜,窃见管神色,乃掷去之。又尝(曾)同席读书,有乘轩冕(古时大夫以上官员的车乘和冕服)者过门,宁读如故,华废书出观。宁割席分坐,曰:“子非吾友也。”

意译

管宁和华歆都是汉末之人。早先,两人同在园中锄菜,看到地上有一块金子。管宁挥动锄头,好像没看到的样子。华歆却把它拾起来,还很高兴,直到悄悄看到管宁的脸色,才扔了它。二人又曾同坐一席读书,正好有官员坐车经过门口,管宁依旧读书,而华歆则抛下书本出去观看。管宁便割断坐席与华歆分坐,说:“你不是我的朋友。”

阐发

1. 管宁与华歆两人志趣不同,一个羡慕富贵,一个专心读书,所以管宁要跟华歆割席分坐。

2. 释“席”。它在此处指“地上铺的可用于跪坐的席子”。古人席地而坐,这席子各式各样,有用草编织的,有用丝绢织成的,也有用皮革制成的。

3. 释“废”。上文“华废书出观”中的“废”,指“抛去、丢下”。又,“是衣尚可衣,无废”,意为“这衣服还可以穿,不要掷掉”。

48 何晏争自由

何晏七岁，明惠（同“慧”，聪明）若神。魏武（指魏武帝曹操）奇（特别）爱之，以晏在宫中，因欲以为子。晏乃画地令（使）方，自处其中。人问其故，答曰：“何氏（姓何的人）之庐也。”魏武知之，即遣（送）还。

意译

何晏七岁时，聪明得如神童一般。曹操特别喜欢他，把他留在宫里，想把他作为养子。何晏就在地上画了个方框，自己站在其中。有人问他这是干什么，何晏说：“这是姓何的人的房屋。”曹操听说这件事后，知道何晏不想长期待在宫中，于是便派人把何晏送还父母处。

阐发

1. 何晏在地上画了个方框，自己站在方框中，这不是“囚”字吗？这表示他不愿在宫中。

2. 释“庐”。它在此处指“房屋”。上文“何氏之庐也”中的“庐”即是。又，“吾庐为飓风毁”，意为“我的屋子被大风吹毁”。又，“彼无庐可居”，意为“他没屋子住”。

49 文徵明习字

文徵明临(临摹)《千字文》，日以十本为率(lǜ，标准)，书遂大进。平生于书，未尝苟且(马虎)，或答人简札(书信)，少(稍)不当意，必再三易(改动)之不厌，故愈老而愈益精妙。

意译

文徵明年轻时临摹《千字文》，每天写 10 本，即每天写 1 万个毛笔字，因此书法大有进步。他一生写字，从不马虎。有时候给人复信，如果稍微觉得有地方写得不好，定要反复重写，直到满意为止，所以他的书法越到后来越精妙。

阐发

1. 功到自然成。文徵明练书法，每天写 1 万个字，一个月写 30 万字左右，一年写 365 万个字，如此勤苦练习，怎会不成功呢？世上没有不下苦功就能轻易获得的技能。作为中学生，语文、外语要天天读背，数学题要天天做，熟能生巧，水到渠成。成功总是伴随着勤奋的人。

2. 释“厌”。上文“必再三易之不厌”中的“厌”，解释为“厌倦”，该句意为“必定一而再、再而三地更改它而不觉得厌倦”。它又指“满足”，如“贪得无厌”意为“贪心大，老不满足”。

3. 释“益”。上文“故愈老而愈益精妙”中的“益”，解释为“更加”。又，“日益进步”，意为“一天天更加进步”。

50 望梅止渴

魏武(即曹操)行役,失汲道(取得水的路),三军皆渴,士卒难忍。操寻思少顷,乃令曰:“前有大梅林,饶(多)子,甘酸可以解渴。”士卒闻之,口皆出水,乘此急行,得及前源。世人曰:魏武多智,非妄论也!

意译

曹操带队行军,找不到取水的路,全军上下都口渴,士兵难受极了。曹操想了一会儿,下令说:“前面有大梅林,结了很多果子,甘酸可以解渴。”士兵听到了,嘴里都流出口水来,曹操借这机会带队急行军,找到了水源。世人说:曹操很聪明,这不是胡说。

阐发

1. 人们都说曹操很聪明,从这则故事看一点不错。如今“望梅止渴”已成了成语。

2. 释“妄”。它在此处指“胡乱的”“荒谬的”。又,“此为妄言,勿听”,意为“这是胡说,不要听取”。又,“彼所言,乃妄言也”,意为“他说的话都是胡说八道”。

51 薛谭学唱歌

薛谭学讴(ōu,唱歌)于秦青,未穷青之技,自谓尽之,遂辞归。秦青勿止,饯于郊衢(jiāo qú,郊外大路),抚节(打着节拍)壮歌(唱出雄壮的歌声),声振林木,响遏行云(飘动的云)。薛谭乃谢求反,终生不敢言归。

意译

薛谭向秦青学习唱歌,还没全部学完秦青的技巧却自以为学完了,就告辞回家。秦青没有阻止他,在郊外大路旁设宴送别,秦青打着节拍,唱出雄壮的歌声,歌声振动林木,响亮得好似可以阻挡天上的飘云一般。薛谭便要求返回学艺,一辈子不敢说要回去了。

阐发

1. 薛谭自以为是,认为自己唱得不错了,其实他尚未全部掌握老师的技巧。

2. 释“穷”。上文“未穷青之技”中的“穷”,指“尽”“完全掌握”。又,古诗有“欲穷千里目,更上一层楼”,其中“穷”也指“尽”。

3. 释“反”,它是“返”的通假字。又,“吾欲反家”,意为“我想返回家乡”。

52 蛙与牛斗

蛙于草中，视牛渐近，庞然(巨大的样子)大物也，嫉之。遂吸气鼓腹，欲过于牛，谓伙曰："吾腹稍大，似牛乎？"伙曰："去远矣！"蛙怒，复吸气鼓腹，曰："今如何？"曰："与前无异。"蛙暴起，又吸气鼓腹，须臾(yú)，腹裂而死。牛历(经过)其旁，践蛙尸于泥中。此谓不自量力者也。

意译

有只青蛙在草丛里，看到牛渐渐靠近，蛙看牛是庞然大物，很妒忌它。青蛙就吸气鼓腹，想胜过牛，青蛙对伙伴说："我肚子逐渐胀大，像牛吗？"伙伴说："差得远了！"青蛙很生气，又吸气鼓腹，说："如今怎么样？"回答说："跟早先没两样。"青蛙突然跳起来，又吸气鼓腹，过了一会儿，它肚子裂开死了。牛经过它旁边，把它的尸体踩到了泥土中。这就叫不自量力。

阐发

1. 青蛙怎能跟牛相比，真是没有自知之明，结果自取灭亡。

2. 释"稍"。文言中的"稍"多作"渐渐地"解释，很少解释为"稍微"，上文"吾腹稍大"中的"稍"，即指"渐渐地"，意为"我的肚子渐渐地胀大"。又，"此人稍长即去家"，意为"这人渐渐长大便离家"。

3. 释"须臾"及其他。"须臾"相当于"一会儿"。上文"须臾，腹裂而死"，意为"过了一会儿，它肚子裂开死了"。在文言中"须臾"的同义词有"顷""俄顷""旋""移时"等。

53 王安石改诗

王荆公(即王安石)绝句云:“京口(古地名,今江苏镇江市)瓜州(古地名)一水间,钟山(今南京紫金山)只隔数重山。春风又绿江南岸,明月何时照我还(回到故乡)?”吴中士人家藏其草(草稿),初云“又到江南岸”,圈去“到”字,注曰“不好”,改为“过”,复圈去而改为“入”,旋改为“满”。凡如是十许(左右)字,始定为“绿”。

意译

王安石写了首绝句诗:“京口瓜州一水间,钟山只隔数重山。春风又绿江南岸,明月何时照我还。”吴中有一个士人家藏着那诗的草稿,稿件上开始写的是“又到江南岸”,后来圈掉“到”,注解说“不好”,改为“过”,又圈掉“过”改为“入”,不久又改为“满”。这样一共改了十来次,才确定为“绿”。

阐发

1. “春风又绿江南岸”不仅是名句,而且因为“绿”是反复修改后确定的,它又成了修改诗文的经典之例。用“绿”有什么好呢? 用“绿”不仅含有“到”“过”“入”的意思,而且写出了春风吹拂、万物复苏的动态过程。

2. 释“复”。它指“又”。上文“复圈去而改为‘入’”中的“复”即是。又,“行半途,值天雨,复归”,意为“走在半路上,遇到下雨,又回去了”。

54 桓南郡好猎

桓南郡(即桓玄)好猎,每田狩,车骑甚盛。五六十里中,旌旗蔽隰。骋良马,驰击若飞,双甄(田猎所用阵名)所指,不避陵壑(hè,山沟或大水坑)。或行阵不整,麏(jūn,即獐)兔腾逸,参佐无不被系束。桓道恭,玄之族也,时为贼曹参军,颇敢直言。常自带绛锦绳著腰中。玄问:“此何为?”答曰:“公猎,好缚人士,会当被缚,手不能堪芒也。”玄自此小差。

意译

桓玄喜欢打猎,每次打猎都带着很多车马。打猎队伍的旌旗能遮蔽五六十里的地方。队伍里骏马驰骋,将士追击猎物如飞,猎阵所到之处,不避山陵沟壑。如果猎阵行列有漏洞,獐兔就会跳跃着逃走,那么那里的桓玄部属就都会给捆绑起来。跟随桓玄打猎的人里有一个叫桓道恭的,他是桓玄的族人,当时担任贼曹参军,而且敢于直言不讳。他常常在腰间自带深红色的锦绳。桓玄见了就问:“这是干什么用的?”桓道恭回答说:“您打猎喜欢捆绑人,我总是要被捆绑的,但是我的手不能忍受粗绳上的毛刺,所以自带锦绳。”自此后,桓玄捆绑人的事就少了一些。

阐发

1. 如何劝说别人,也是一门学问。本文中的桓道恭,以一种戏谑的方式对上级进行劝告，取得了比较理想的结果。

2. 释“南郡”。此处的“南郡”，指的是桓玄受封的爵位“南郡公”。以“姓”加“爵位”相称，是中国古人的一种常用称呼方式。例如唐朝大将郭子仪，因功受封汾阳郡王，因此被世人称为郭汾阳；北宋名相寇准，他的爵位是莱国公，因此也被称为寇莱公。

55 笼 中 鹦 鹉

富商有段姓者(姓段的),尝畜一鹦鹉,甚慧,能迎客与诵诗。段剪其两翅,置于雕笼中。熙宁(宋神宗年号)六年,段忽系狱(关进牢房)。及归,问鹦鹉曰:"吾半年在狱,身不由己,极其怨苦。汝在家有人喂饲,何其乐邪。"鹦鹉曰:"君半年在狱,早已不堪,吾多年在笼,何乐可言?"段感悟,乃放之。

意译

有个姓段的富商,养了一只鹦鹉,非常聪明,能够迎客与朗诵诗句。富商剪去它两个翅膀上的羽毛,把它放在精美的笼子里。熙宁六年,富商突然被关进牢房。等回到家,他对鹦鹉说:"我被关押在狱里半年,身不由己,极为怨恨痛苦。你在家中有人喂养,多么快乐啊。"鹦鹉说:"你在狱中半年,就已不能忍受,我被关在笼子里好多年,有什么乐趣可谈呢?"富商听后有所感悟,就把它放生了。

阐发

1. 这只鹦鹉回答得巧妙,使姓段的富商顿时省悟。

2. 释"何其"。"何其"是个固定词组,相当于"多么"。上文中的"何其乐邪",意为"多么快乐"。又,"何其毒",意为"多么狠毒";"何其苦",意为"多么痛苦"。

3. 释"即日""不日"与"他日"。"即日"指"当天"。上文中的"即日放之",意为"当天把鹦鹉放了"。"不日"指"事后几天之内",如"不日归还",意为"过不了几天就归还"。"他日"指"以后某一天",如"他日见之",意为"以后某一天见到"。

56 周公安民

武王(周武王)克殷,召太公(姜太公)而问曰:“殷之士众,奈何处之?”太公对曰:“臣闻,爱其人者,兼屋上之乌(乌鸦),憎其人者,恶其余胥(墙壁)。咸刈厥敌,使靡(无,不)有余,何如?”王曰:“不可。”太公出,邵公入,王曰:“为之奈何?”邵公对曰:“有罪者杀之,无罪者活之,何如?”王曰:“不可!”邵公出,周公入,王曰:“为之奈何?”周公曰:“使各居其宅,田其田,无变旧新,惟仁是亲。百姓有过,在予一人。”武王曰:“广大乎,平天下矣!凡所以贵士君子者,以其仁而有德也。”

意译

周武王攻下了殷商的都城,召来姜太公问道:“应该如何处置商朝的士人和百姓呢?”太公回答说:“我听说,喜欢某个人,会同时喜欢他房上的乌鸦,憎恨某个人,会连带厌恶他家的墙壁。把全部他们杀掉,一个不留,怎么样?”武王说:“不行。”太公出去后邵公进来,武王问他:“你看该怎么办?”邵公回答说:“把有罪的杀掉,无罪的让他们活命,怎么样?”武王说:“不行。”邵公出去后周公进来。武王问他:“你看该怎么办?”周公说:“让他们各自居住在自己的屋子里,耕种自己的田地,不改变以往的习惯,让他们只亲近那些仁爱的人。百姓有过错,责任都在纣王一个人身上。”武王说:“胸怀多么宽广,这足以平定天下啊!凡是能够尊重士人和君子的人,是因为他们仁爱而有道德啊。”

阐发

1. 周公的话在特定情况下是有道理的，周王按他的说法去做，稳定了殷商遗民的人心。

2. 释“活之”的语法现象。“活之”即“使他们活下去”。“活”作使动词用。又，“彼无罪，活之”，意为“他没罪，让他活下去”。

57 一行尊法

僧一行（唐朝高僧），幼时家贫，邻有王姥，前后济之数十万。及一行开元（唐玄宗年号）中承上敬遇，言无不可，常思报之。寻王姥儿犯杀人罪，狱未具，姥访一行求救。一行曰："姥要金，当十倍酬也。明君执法，难以情求，如何？"王姥大骂："何以识此僧！"一行从而谢之，终不顾。

意译

有个和尚叫一行，小时候家庭贫困，邻居王老太，前前后后用数十万钱帮助他。一行在开元年间受到皇上的尊敬礼遇，他说的话皇上都听从，经常想要报答老太。不久，王老太儿子犯了杀人罪，案件还没结，王老太拜访一行向他求救。一行说："老太您要金钱，我当十倍报答。可是英明的皇上在执法，这是很难以人情相求的，你看如何？"王老太大骂："我认识你这个和尚有什么用！"一行追上去向她道歉，老太始终不回头看他。

阐发

1. 一行不因为从前贫困时老太救济他而徇私枉法。

2. 释"酬"。它指"报答"。上文"当十倍酬"中的"酬"即是。又，"吾无以酬之"，意为"我没办法报答你"。又，"父疾愈，以十银酬医"，意为"父亲的病治好了，给医生十两银子作为报答"。

58 铁杵磨成针

磨针溪，在眉州（古地名）象耳山下。世传李白读书山中，未成，弃去。过小溪，逢老媪（ǎo，年老的妇女），方磨铁杵（chǔ，铁制的棒槌）。白怪而问之，媪曰："欲作针。"白曰："铁杵成针，得乎？"曰："但需工夫深！"太白感其意，还而终业。媪自言姓武，今溪旁有武氏岩。

意译

磨针溪，在眉州象耳山之下。世上传说，李白在山中读书，没读完，就放弃离开了。他路过小溪，遇到一个老太正在磨铁槌。李白感到奇怪，便问她在做什么，老太说："想磨成针。"李白说："铁槌磨成针，可能吗？"老太说："只要功夫深！"李白被她的精神感动了，回去完成了学业。老太自称姓武，如今那小溪旁还有武氏岩。

阐发

1. "只要功夫深，铁杵磨成针"如今成了名言，凡事只要努力干，持之以恒，最终一定会成功。

2. 释"但"。它在此处指"只""只要"。上文中的"但需工夫深"，意为"只要功夫深"。又，"吾学书，但无良笔"，意为"我想学书法，只是没好的毛笔"。又，"山荒，但无人植林"，意为"这里的山很荒芜，只是没人植树"。

59 守株待兔

宋人有耕田者，田中有株（树桩），兔走触株，折颈而死。因释其耒（lěi，古代的一种农具）而守株，冀复得兔。兔不可复得，而身为宋国笑。

意译

宋国有个种田人，田中有一树桩，某日有一只飞奔的野兔撞在了树桩上，折断了头颈而死。那人便放下农具守着树桩，希望能再次获得野兔。结果野兔没能再获得，他自己却成了宋国人的笑柄。

阐发

1. 偶然性不等于必然性。奔走的兔子撞死在树桩上，这是偶然的一次，而那个宋国人以为总会有兔子撞死在树桩上，因此农活也不干了，整天想捡死兔。这种想法很愚蠢，所以要被人嗤笑。

2. 释“颈”与页部的字。“颈”指头颈，它是个形声字，左边“巠”为声，右边“页”属部首。“页”本指人的头，是个象形字。属页部的字一般与人的脸部、颈部有关。如：颜——脸上的表情，额——人的额头，颡——人的额头，颊——人的脸颊，颐——人的颊、腮，颔——人的下巴，等等。

60 盗牛

有盗牛而被拘者，熟识者过而问曰："汝何事？"答云："晦气撞出来的。"问："晦气何能撞尔？"曰："适在街上信步，见地上草绳一条，以为有用，遂拾之。"问曰："然则（既然这样，那么）罪何至尔？"复对曰："绳头还有一小牛。"问者愕然。

意译

有个人因为偷别人家的牛而被官府拘押，他的熟人经过而问："你因为什么事被拘押？"回答说："晦气撞出来的。"又问："晦气为什么能撞上你？"那人回答说："刚才在街上随意走动，看到地上有一条草绳，认为有用处，就拾了它。"又问："既然这样，那么怎么会犯偷牛罪啊？"他又回答说："绳子那头还有一条小牛。"问的人感到十分惊讶。

阐发

1. 偷了别人家的牛，还要强词夺理，人间怎会还有此等无耻之徒。

2. 释"尔"。它是个代词，可代人、事、物等。上文中的"罪何至尔"，意为"罪行为何到这地步"。又，"不尔，必有过"，意为"不这样，必然会有错误"。

3. 释"信"。文言中的"信"有好多解释，如"书信""真实""守信用"等。上文"信步"中的"信"，指"随意、随便"。"信步"即"随意走走"。成语"信口开河"意为"随口乱说一气"，"信手拈来"意为"随手拿来"。

61 解铃还须系铃人

金陵(古城名)清凉寺泰钦法灯禅师,在众日(活着时),性豪逸(放),不事事,众易之。法眼(法眼禅师)独契(qì,心意相投)重。眼(法眼)一日问众:"虎项金铃,是谁解得?"众无对(回答)。师(指泰钦法灯禅师)适至,眼举前语问,师曰:"系者解得。"眼曰:"汝(你们)轻渠不得。"

意译

金陵清凉寺中的泰钦法灯禅师,生前性格豪放,不理事务,大家都轻视他。只有法眼禅师不仅看重他,而且与他心意相投。有一天法眼问大家:"老虎脖子上系的金铃,谁能把它解下来?"大家都无法回答。这时恰巧泰钦法灯禅师到来,法眼又把刚才问的对他说了一遍,法灯禅师不假思索地说:"谁把它系上去的谁就能解下来。"法眼说:"说得好!你们可不能轻视他啊!"

阐发

1. 解铃还须系铃人,多么巧妙而又聪明的回答。所以法眼说,你们不要轻视他。

2. 释"项"。它指脖子的后部,泛指脖子。成语"不敢望其项背"意为"比不上他",因为从后面看,只能见到项与背。

3. 释"易"。上文"众易之"中的"易"指轻视。又,"其人劣,众易之",意为"那人行为恶劣,大家轻视他"。

62 高凤笃学

高凤，字文通，家以农亩为业。妻常（曾）之田，曝麦于庭，令凤护鸡。时天暴雨，凤持竿诵经（儒家经典著作），不觉潦水流麦。妻还怪问，乃省。

意译

高凤，字文通，家里以种田为生。有一次，他的妻子到田里去，同时把麦子晒在院子里，叫高凤看护麦子，以免鸡来啄麦。当时天突然下大雨，高凤仍拿着竹竿在读书，不知道大雨积水冲走了麦子。妻子回来后奇怪地问他为什么不收麦子，这时高凤才省悟过来。

阐发

1. 高凤读书，专心致志，连下大雨将麦子冲走也不知道。读书如有这种精神，还怕不成功吗？

2. 释“曝”。它指“晒”。上文“曝麦于庭”意为“在院子里晒麦子”。又，“衣被湿，当曝”，意为“衣服被子湿了，应当在太阳下晒”。

63 道人授术

凌云北游泰山，古庙前遇病人，气垂绝。云嗟(jiē)叹久之。一道人忽曰："汝欲生之乎?"曰："然。"道人针其左股，立苏。曰："此人毒气内侵，非死也，毒散自生耳。"因授云针术，后治疾无不效。

意译

凌云北游泰山，在古庙前遇到一个快要断气的病人。凌云感叹长久。一个道人忽然说："你想让他活吗?"凌云说："是的。"道人便用针灸针扎病人的左腿，那人立刻苏醒过来。道人说："这人是被毒气侵入了内脏，不是真的死了。"于是把针灸的技术传授给凌云，后来凌云用它医治病人，没有不见效的。

阐发

1. 这道人有医术，而且为人善良。不仅当时治好了病人，还把医术传授给凌云。

2. 释"垂"。上文"气垂绝"中的"垂"，解为"将要"。又，"天垂暮，母尚未归"，意为"天将晚了，母亲还没回来"。又，"敌垂死挣扎"，意为"敌人将要灭亡时拼命挣扎"。

3. 释"股"。它指"大腿"。上文"针其左股"中的"股"即是。又，"将军为流矢中股"，意为"将军被乱箭射中了大腿"。又，"其股伤，久治未愈"，意为"他的大腿受伤，治了很久也没好转"。

64 包惊几为人嫁女

包惊几笃于友谊，与吴东湖善（友好）。吴卒（死），抚（照顾）其家甚至（周到）。后方（正要）嫁女，闻吴（指吴东湖）女将适人，贫不能理（备办）装，即以其女之奁具（lián jù，嫁妆）赠之，己女后一载始嫁。时论称（称赞）之。

意译

包惊几十分看重友情，他跟吴东湖是好朋友。吴东湖死后，他无微不至地照顾吴家。后来包惊几女儿要出嫁了，正在这时，他听说吴家的女儿也要出嫁了，可是吴家贫困，连女儿的嫁妆也没有，包惊几便将自己女儿的嫁妆赠给吴家，自己的女儿则推迟一年出嫁。当时的人都称赞包惊几的行为。

阐发

1. 包惊几对吴东湖确有深厚的友谊。世上真正的友谊甚为珍贵，这是用金钱所买不到的。

2. 释“笃”。它指“看重”“专注”等。上文“笃于友谊”意为“很看重友情”。又，“笃于学”，意为“专心学习”。

65 朱寿昌弃官寻母

宋朱寿昌，年七岁，生母刘氏为嫡母所妒，再适，母子不相见者五十年。神宗朝，弃官入秦(古地名)，与家人诀誓：不见母，不复还。后行次(停留)于同州(古州名)，得之，时母已年七十余矣。

意译

朱寿昌七岁的时候，亲生母亲被嫡母刘氏所妒忌，再嫁他人，母子分别达五十年。宋神宗时，朱寿昌辞去官职，到秦地去找母亲，与家中人分别时发誓：找不到生母便不再回来。后来他在同州逗留时，终于找到了生母，当时他的生母已经七十多岁了。

阐发

1. 世上最亲的是母子之情，朱寿昌千里寻母，一片真情。

2. 释“诀”。它指“分别”，有时也指“死亡”。上文的“诀”，指“分别”。又，“吾与尔父诀已二年”，意为“我与你父亲分别已二年了”。又，“被欲远游求学，与家人诀”，意为“他想去远方求学，跟家里人分别”。

66 陈谏议教子

宋陈谏议（职官名称，皇帝重臣）家有劣马，性暴，不可驭，蹄啮伤人多矣。一日，谏议入厩（jiù），不见是马，因诘仆："彼马何以不见？"仆言为陈尧咨售之贾人矣。谏议遽召子，曰："汝为贵臣（朝中重臣），家中左右尚不能制，贾人安能蓄之？是移祸于人也！"急命人追贾人取马，而偿其直。戒仆养之终老。时人称陈谏议有古仁人之风。

意译

陈谏议家中有匹劣马，性格暴烈，不能驾驭，多次踢伤、咬伤人。一天陈谏议进马棚，没看到这匹马，于是问仆人："那马为什么不见了？"仆人说马被陈谏议之子陈尧咨卖给商人了。陈谏议立刻把儿子叫来，说："你是朝廷中重臣，家里人尚且不能制服它，商人怎么能养它？这是把灾祸转移给别人啊！"他立刻命令仆人追上那个商人取回马，并且将钱退给了商人。他还告诫仆人要把那马养到老死。当时的人称赞陈谏议有古代贤人的风范。

阐发

1. 陈谏议为他人着想，不把劣马卖给商人。如果卖了，那是害人。

2. 释"直"。上文"偿其直"中的"直"是"值"的通假字，原句意为退还给商人买马的钱款。又，《卖炭翁》中有"系向牛头充炭直"，其中的"直"也通"值"。又，"佣作而不取直"，意为"给人做雇工而不收取报酬"。

67 朱泰孝感猛虎

朱泰家贫，鬻(yù，卖)薪养母，常适数十里外易甘旨以奉母。一日，鸡初鸣入山，及明，憩于山足，遇虎搏而负之去。泰已瞑眩，行百余步，忽稍醒，厉声曰：“虎为暴食我？我恨母无托尔！”虎忽弃泰于地，走不顾。泰匍匐而归，不逾月如故。乡里闻其孝感，率金帛遗之。

意译

朱泰家中贫困，卖柴火养母。他经常去几十里外买美味的食品侍奉母亲。一天，他在雄鸡刚鸣叫的时候进山打柴，天亮的时候，他在山脚下休息，突然遇到老虎来袭，朱泰跟它搏斗，结果被老虎拖着往山里走。朱泰头晕目眩地被拖了一百多步，他忽然醒过来，高声说：“为什么要吃我？我遗憾的是我的母亲无人供养！”老虎忽然放弃了他，一路不回头地走掉了。朱泰爬回了家，没过一个月，身体恢复如常。乡里人听说他的孝行感动了老虎，都把财物送给他。

阐发

1. 朱泰孝感猛虎的事，近乎传说，未必真有其事。但他孝顺母亲的心，的确使人感动。

2. 释“恨”。它指“遗憾”。上文“我恨母无托尔！”意为“我遗憾的是我的母亲无人供养”。又，“无恨，物已失，觅之不得”，意为“不要遗憾，东西已丢失，找不到也就算了”。又，“友亡，恨无以再见一面”，意为“朋友死，遗憾的是没法再见一面”。

68 井中捞月

昔有五百猕猴(mí hóu,猴子的一种),游行林中,俱至大树下。树下有井,井中有月影现。时猕猴主见是月影,语诸伴曰:“月今日死,落于井中,当共出之,莫令世间长夜暗冥。”众猴云:“何能出之?”猕猴主言:“我知出法,我捉(抓住)树枝,汝捉我尾,展转相连,乃可出之。”诸猕猴如主语,展转相捉。然枝弱而折,一切(所有)猕猴堕井水中。

意译

从前有五百只猴子,在树林里游走,一起来到一株大树下。树下有口井,井中有月亮的影子。猴王看到了这月影,对大家说:“月亮今天死了,它掉落在井中,我们要设法把它救出来,不要让世界长夜黑暗。”大伙儿说:“怎么能把它救出来呢?”猴王说:“我知道捞它出来的办法,我抓住树枝,你拉住我尾巴,互相连接,便可把月亮捞出来。”猴子们听了猴王的话,展转互相拉住。但是树枝因为脆弱而折断了,所有猴子都掉落在井水里。

阐发

1. 这群猴子,善良却不聪明,井中捞月,结果掉在了水里。这就如同有人想做好事,但办法不对,反而把事情弄糟了。

2. 释“是”。上文“见是月影”中的“是”指“这”。又,“是橘甘,遗母食”,意为“这橘子甜,送给母亲吃”。又,“是人也,常为恶行”,意为“这人经常做恶劣的事”。

69 海瑞遗物

都御史（职官名称）刚峰海公（即海瑞，字刚峰）卒于官舍。同乡官（做官）南京者，惟苏民怀一人。苏检点其官囊，竹笼中俸金八两，葛布一端（两丈），旧衣数件而已。如此都御史那可多得！王凤洲评之云："不怕死，不爱钱，不立党。"此九字断尽海公生平，即千万言谀之，能加于此评乎！

意译

海瑞死在官舍里。在南京做官的海瑞老乡，只有苏民怀一个人。苏民怀检点海瑞做官时所余的积蓄，只有竹箱里的俸银八两，葛布两匹，旧衣服几件罢了。这样的都御史能有几个！王凤洲评论说："不怕死，不贪钱，不结党。"这九个字论尽海瑞一生，即使有千言万语赞扬他，能胜于这评论吗？

阐发

1. 海瑞身为高官，但一生清白廉洁。这在封建社会里实在难见。

2. 释"党"。它在本文中指"由私人利害关系结成的集团"。上文"不立党"意为"不跟其他人结成利益集团"。又，"党徒十数人，欲劫人财物"，意为"同伙有十来个人，想抢劫他人的财物"。

70 陆游家训

后生(年轻人)才锐(才能突出)者,最易坏。若有之,父兄当以为忧,不可以为喜。切须常加简束(检点约束),令熟读经学(儒家经典著作),训以宽厚恭谨,勿令其与浮薄者(轻浮而又游手好闲的人)游处。自此十许年,志趣自成。不然,其可虑之事,盖(恐怕)非一端(方面)。吾此言,后人之药石也,各须谨志(记住),毋(wú,不要)贻(yí)后悔。

意译

才能突出的年轻人最容易学坏。如果有这种情况,父兄应该为他担忧,不要以为这是开心的事。切记要经常检点约束他,使他熟读经史,教导他对人要宽厚恭勤,不要让他跟轻浮浅薄的人交往。如此十多年后,他的志向和情趣会自然养成。如不这样,那可担忧的恐怕就不是一两件事情了。我讲这话,后人应把它看作良言规诫,不要不听,以至留下遗憾。

阐发

1. 陆游看问题很辩证。如今有些人把小聪明用在歪脑筋上,结果落得身败名裂,正所谓"聪明反被聪明误"。

2. 释"贻"。上文说"毋贻后悔",其中"贻"指"留下",原句意为"不要留下遗憾"。它又指"赠送",如"友贻我美玉",意为"朋友送我美玉"。

71 画蛇添足

楚有祠(cí,祭祀)者,赐其舍人(手下办事的人)卮(zhī,一种古代盛酒器)酒。舍人相谓曰:“数人饮之不足,一人饮之有余。请画地为蛇,先成者饮酒。”一人蛇先成,引酒且饮之,乃左手持卮,右手画蛇,曰:“吾能为之足。”未成。一人之蛇成,夺其卮曰:“蛇固无足,子安能为之足?”遂饮其酒。为蛇足者终亡其酒。

意译

楚国有个祭祀的人,赐给手下人一壶酒。拿到酒的几个人商量说:“这酒不够几个人喝,一个人喝则绰绰有余。请大家在地上画蛇,首先画完的就喝这杯酒。”有个人先画完了,他拿起酒杯将要喝酒,却又左手拿着酒壶,右手继续画蛇,说:“我还能给它画上足。”还没等他画完,另一个人已画完了,那个人夺过酒壶说:“蛇本来没有足,你怎能给它添上足呢?”说完就喝了那壶酒。给蛇添足的人最终没有喝到那壶酒。

阐发

1. 画蛇添足,多此一举,结果适得其反。

2. 释“且”。它指“将”“将要”。上文“引酒且饮之”意为“拿起酒杯将要喝酒”。又,“天且暮,速归”,意为“天将要到傍晚,赶快回去”。又,“吾且老,无它念”,意为“我将老了,没什么别的念头”。

72 陈遗至孝

吴郡陈遗，家至孝，母好食铛（chēng，一种锅）底焦饭。遗作郡主簿，恒装一囊，每煮食，辄贮录焦饭，归以遗（wèi，送给）母。值孙恩贼出吴郡，袁府君即日便征。遗已聚敛得数斗焦饭，未展（来不及）归家，遂带以从军。战于沪渎，败。军人溃散，逃走山泽，皆多饥死，遗独以焦饭得活。时人以为纯孝之报也。

意译

吴郡的陈遗非常孝顺，他的母亲喜欢吃锅底的焦饭。陈遗当郡主薄的时候，常带一个口袋，每次煮饭的时候总是把焦饭存到口袋里，等回家后再送给母亲。后来遇到孙恩造反的军队进攻吴郡，吴郡太守袁崧当即带兵出征。当时陈遗已经收存了几斗焦饭，但却来不及送回家，于是他就带着这些焦饭跟着军队出发了。两军战于沪渎，官军大败。溃散的官兵逃到山林水泽中，大都饿死，只有陈遗靠着所带的焦饭活了下来。当时的人都认为这是陈遗纯孝所获得的好报。

阐发

1. 陈遗孝顺母亲，每次煮饭都把锅底的焦饭单独留下来送给母亲，结果战败的时候无意中靠这些焦饭活了命。古人认为这是陈遗的孝顺感动天地得到的善报，现代人也应该学习他的这种孝心。

2. 释“遗”。遗是个多音字，在读“yí”时表示“遗失”“留下”，在读“wèi”时则表示“送给”“赠予”。其中后者在现代文里已经几乎不用了，但在古文里后者却是个常用义项，比如本文中“归以遗母”就是说陈遗回家后把焦饭送给母亲。又如“宣洁行廉约，韩豫章遗绢百匹，不受”，意为“（范）宣品行高洁，廉洁俭省，豫章太守韩康伯送他一百匹绢，被他拒绝了。”

73 姜从树生

楚人有生而不识姜者，曰："此从树上结成。"或曰："从土地生成。"其人固执己见，曰："请与子以十人为质(询)，以所乘驴为赌。"已而遍问十人，皆曰："土里出也。"其人哑然失色，曰："驴则付汝，姜还树生。"

意译

楚国有个从小就不认识姜的人，说："这是从树上长出来的。"有人对他说："姜是从地里生长出来的。"这个楚国人却固执己见，说："咱们一起去问十个人它是从哪儿生出来的，用所骑的驴为赌注。"不久问遍十人，都说："是长在土地里的！"那人脸上失色，哑口无言，但又说："驴子给你，可姜还是生长在树上的。"

阐发

1. 不懂装懂，强词夺理，这种行为实在不良。别人都说姜是生长在地里的，可那楚人死不认错。

2. 释"已而"。它指"不久"。上文中的"已而遍问十人"，意为"不久问遍十人"。又，"满天乌云，已而大雨倾盆"，意为"满天乌云，不久就下了倾盆大雨"。又，"已而出仕"，意为"不久就出去做官了"。

3. 释"汝"。它是第二人称，相当于"你"。又，"汝父与吾父为友"，意为"你的父亲跟我的父亲是朋友。"又，"汝乃善人也"，意为"你是个善良的人"。

74 狼子野心

有富人出猎，偶得二狼子，归而与家犬杂畜。稍（渐渐地）长，亦颇驯，主人乃忘其为狼。一日，主人昼寝厅堂，闻群犬呜呜作怒声，惊起环视，无一人。再就枕将寐，犬又如前。乃佯睡以俟。二狼伺其未之觉，将啮其喉，犬阻之不使前也。主人悟，遂杀之而取其革，曰：“狼子野心，诚不谬也！”

意译

有富人外出打猎，偶然得到两只小狼，带回家后与狗混在一起饲养。小狼渐渐地长大，也很温顺，主人便忘记了它们是狼。一天，主人白日睡在厅堂里，听到群狗“呜呜”地发出愤怒的声音，主人惊讶地起身朝四周观看，一个人也没有。主人再睡，群狗又像早先那样“呜呜”发声。主人便假装睡着，等着看到底是什么情况。结果发现两头狼趁主人未醒，便想咬他的喉咙，好在群狗拦住狼不让它们向前。主人明白了，便杀掉狼剥取了它们的皮，说：“狼子野心，确实不是胡说啊！”

阐发

1. 狼总是要吃人的，纵然是“狼子”，纵然是“颇驯”，只要有机会，就会露出它们的本性。那些本性不改的坏人又何尝不是如此呢。

2. 释“诚”。“诚”是个多义词，可指“真诚”“诚实”，也可指“如果”“确实”等。上文“诚不谬也”中的“诚”，指“确实”“真的”，“诚不谬也”意为“确实不是胡说啊”。又，“其人诚勇者也”，意为“那人确实是勇敢的人”。

3. 释“革”。它在此处指“去毛并经过加工的兽皮”。上文“取其革”，意为“获取它的皮革”。又，“狐之革，甚贵”，意为“狐狸的皮革很值钱”。又，“其革可制衣”，意为“它的皮革可制作衣服”。

75 张商英写“草书”

宋张商英，位至丞相，喜草书而不工，时人皆讥之，丞相自若也。一日吟诗得佳句，索笔疾书，满纸龙蛇飞动。使侄录（抄）之。侄录至波险处（笔画曲折乖僻的地方），罔然（迷惘的样子）而止，执所书问曰：“此何字也?”丞相熟视（仔细看）久之，亦不自识，诟其侄曰：“胡不早问，致（以致）予亦忘之。”侄自念：世上有此等“草”书者，苦吾矣！

意译

宋朝的张商英，官位升到宰相，他喜欢草书，但写得不工整，当时的人都讥笑他，他却不已为然。一天张商英吟诗想到了一个好句子，便马上找来毛笔记录成草稿，满纸龙蛇飞动。随后他再让侄子把他打的草稿抄录成文。侄子抄到草稿笔画曲折乖僻的地方，迷惘地停了下来，拿草稿问张商英：“这是什么字?”张商英仔细看了很久，自己也认不出是什么字了，他批评侄子说：“你为何不早一点问我，以致我也忘了。”侄子心里想：世上竟有这样的“草”书，让我吃苦了！

阐发

1. 字是写给人看的，写得工整才好让人辨认。张商英不怪自己字写得不好，还要责备侄儿，真是岂有此理。

2. 释“工”。它在此处指“好”或“擅长”。上文“不工”意为“不好”。又，“其画甚工，人皆索之”，意为“他的画很好，人们都来索取”。又，“其制衣甚工，市者络绎”，意为“他制作的衣服很好，买的人很多”。

3. 释“胡”。“胡”在文言中与“何”“奚”同义，相当于“为什么”。上文“胡不早问”，意为“为什么不早问”。又，“胡不食”，意为“为什么不吃”；“胡不言”，意为“为什么不说话”。

76 责人当以其方

某富翁夜暴疾，命仆人钻火（击石取火）。其夜阴瞑（míng），不得刀与石。富人催之急。仆人忿然曰：“君责人亦大无道理，今暗如漆，何不以火照我？我当得觅钻火具，然后易得耳。”富翁曰：“我有火，何更欲尔照！”人闻之，曰：责人当以其方（正当的道理）也！

意译

某富翁夜里突然生病，命令仆人击石取火。那天夜里非常阴暗，仆人一时找不到打火用的刀与火石。富人催促得很紧迫。仆人愤怒地说：“你责备我也太没道理了，如今漆黑一团，为什么不用火给我照明？那样我就能找打火的工具，然后就容易取到火了。”富翁说：“我如果有火，还要你取火照明吗！”有人听说后，说：“责备人应当有正当的道理！”

阐发

1. 责备别人，应当有正当的理由。无理由而责备别人，这是强词夺理。

2. 释“暴”。“暴”多解释为“残暴”“残酷”，有时它还指“突然而猛烈”。如上文“暴疾”指“突然生病”。而“暴卒”则指“突然死亡”。

3. 释“瞑”。它指“昏暗”。上文“是夜阴瞑”中的“瞑”即是。又，“天欲瞑，而母樵尚未归”，意为“天将黑了，然而母亲砍柴还没回来”。又，“天瞑，无赶夜路，以防人劫”，意为“天黑了，不要赶夜路，以防路上有人抢劫”。

77 雏燕

吾弟爱鸟，日思得一雏。今春，有燕自南来，竟日（整天）衔泥，筑室于檐下，劳甚。未几，啾啾之声可闻，盖（原来是）雏已出壳矣。一日，有雏坠于堂下，弟拾之，不胜喜，纳于笼而饲之。母闻之，曰："是乃益鸟，食虫害，且南飞越冬，尔安得久饲之？"趣（催促）弟遽（jù，马上）释之。弟恋恋不舍，然视雏意甚哀，遂出笼释之。雏飞于巢，与其家人熙熙而乐也。

意译

我的弟弟喜欢鸟，天天都想着要得到一只小鸟。今年春天，有燕子从南方飞来，终日衔泥在我家屋檐下筑巢，工作得非常辛苦。没多久，可以听到"啾啾"的声音，原来是小燕子出壳了。一天，有只小燕子不小心掉了下来，弟拾到了它，不胜喜悦，便把它放在笼子里喂养。母亲听说后，说："这是益鸟，吃害虫，而且不久便要南飞过冬，你怎能长久喂养它？"就催促弟弟赶紧把它放走。弟弟依依不舍，然而看到小燕子很伤心的样子，还是打开笼子放了它。小燕子飞到巢里，与它的家人熙熙而乐。

阐发

1. 释放小燕子是对的，因为它是益鸟，而且要南飞过冬。
2. 释"竟"。它在此处指"终"。"竟日"即"终日""整天"。又，"竟日劳作"意为"整天劳作”，俗语“有志者事竟成”意为“有志气的人终究会成功的”。

3. 释“越”。上文“越冬”中的“越”指“过”，“越冬”即“度过冬天”。又，“越三年，儿求学归”，意为“过了三年，儿子求学归来”。

78 卜式为国分忧

时(当时)汉方(正)事(此处指交战)匈奴。式(卜式)上书,愿输(送出)家财之半助边。上(皇帝)使(派)使(使者)问式:“欲为(做)官乎?”式曰:“自小牧羊,不习(习惯)仕宦(做官),不愿也。”使者曰:“家岂有冤,欲言事乎?”式曰:“臣(我)生与人亡(同“无”)所争,邑(乡里)人贫者贷(借钱)之,不善(好)者教之,所居,人皆从(追随)式,式何故见(被)冤!”使者曰:“苟,子(你)何欲?”式曰:“天子诛匈奴,愚(“我”的谦称)以为贤者(有才能的人)宜死节(为气节而死),有财者宜输之(指代国家),如此而匈奴可灭!”

意译

汉朝与匈奴人连年交战的时候,有一个叫卜式的人上书皇帝,愿意拿出一半财产帮助国家巩固边防。皇帝派人问卜式:“你想做官吗?”卜式说:“我从小放羊,不习惯做官,因此不要官位。”使者问卜式:“你家里是不是有冤屈,想申冤吗?”卜式说:“我生来跟人无所争,乡里贫困的人我借贷给他们,行为不良的人我教育他们,所住的地方,人们都追随我,我有什么冤屈呢?”使者说:“如果这样,你到底想要什么呢?”卜式回答说:“皇帝要消灭匈奴,我认为有才能的人应该为国而死节,有财产的人应该捐献财产给国家,这样才可以消灭匈奴!”

阐发

1. 卜式愿意拿出一半财产，帮助国家抵抗匈奴入侵，他的爱国精神可嘉。

2. 释“苟”。它在此处解释为“如果”。又，“苟无书，可借阅”，意为“如果没有书，可以借书读”。又，“苟有病，宜速治之”，意为“如果有病，应赶快医治”。

79 朱晖心诺

张堪素(一向)有名称(好名声),尝于太学(此处指东汉设在京城的全国最高学府)见晖(朱晖),甚重(器重,看重)之,接以友道,乃把(抓住)晖臂曰:“欲以妻子(妻子与儿女)托(托付)朱生(即朱晖,“生”是对年轻人的敬称)。”晖以(认为)堪(张堪)先达(德高望重的前辈),举手未敢对(回答)。自后不复相见。

堪卒(死),晖闻其妻子贫困,乃自往候视,厚(重)赈赡(用财物帮助)之。晖少子怪(感到奇怪)而问曰:“大人(父亲)不与堪为友,平生未尝相闻(听说过他。相,指代张堪),子孙窃(表示个人意见或行为的谦词,可译作“私自”“私下里”)怪之(对此感到奇怪)。”晖曰:“堪尝有知己之言(知心的话),吾以(同“已”)信于心也。”

意译

东汉的张堪一向有好名声,他曾经在太学里与朱晖见面,很看重朱晖,便以朋友之道与朱晖交往,他还抓住朱晖的手臂说:“我想把妻子儿女托付给你照顾。”朱晖认为张堪是德高望重的前辈,虽拱手但未敢回答。从此以后两人再也没见面。

后来张堪死了,朱晖听说他的妻子儿女很贫困,便亲自前去探视,并拿出很多钱财帮助他们。朱晖的小儿子感到奇怪,便问他:“父亲跟张堪并不是朋友,我也从未听你提起过他,如今资助他家那么多钱财,我们私下里感到奇怪啊。”朱晖说:“张堪曾经跟我说过知心的话，托付我照顾他的妻子儿女，我一直牢记在心。”

阐发

1. 心中答应别人的事，嘴里虽然不说，但一定要做到，这是善良人的美德。
2. 释“妻子”。古人所说的“妻子”是指妻子与儿女，与今人说的“妻子”含义不同。

80 擒　贼

周氏夫妇，以渔为生，日出没风波。一日，二豪贼相谓曰："伺(等候)周之市，但留其妇时，吾可攫其金也。"于是窥周出。周既去，二豪贼持刀近船。周蓄一犬，见之，狂吠。妇闻声而出。二贼跃上船，出刃(刀)胁之。犬啮贼，以故贼不得脱身，妇乘其无备，推堕一贼河中。一贼为犬所啮，痛甚。妇举刀欲劈之，贼色挠(脸上显出屈服的样子)，跪而谢。是时夫方归，见状，即缚二豪贼至官。

意译

周氏夫妇，以打鱼为生，每天出没在风浪里。一天，两个大强盗互相说："等周家男人到市场去，家里只留下妻子时，我们可以抢夺他家的钱财。"于是偷偷地等待周家男人出门。周家男人离家后，两个大强盗拿着刀靠近船。周家养了一条狗，它看到了强盗，便狂叫。周家女人听到声音便出来了。两个强盗跳上船，用刀威胁女人。狗咬住了其中一个强盗，使他无法脱身。周家女人乘他们没有防备，便把另一个强盗推入河中。被狗咬住的强盗非常痛苦。周家女人举起刀想砍他，强盗脸上露出屈服的样子，跪下来讨饶。这时周家男人正巧回来，看到这情况，就把强盗捆绑起来，送到官府惩罚。

阐发

1. 这妇女真勇敢，一身斗二贼，可谓女中英豪。从古至今，女中英豪多见。花木兰替父从军，南征北战是众所周知的。两宋交接之际的梁红玉，随夫韩世忠征战沙场，在宋金黄天荡大战中亲执桴鼓，名垂青史。

2. 释“啮”。它指“咬”“吃”等。上文中的“为犬所啮”，意为“被狗咬住”。又，“夜行，为蛇所啮”，意为“赶夜路，被蛇咬了”。

81 王安石余饼自食

王荆公(即王安石。他被封为荆国公)在相位,子妇(儿媳妇)之亲萧氏子至京师(京城。此指开封),因(借机)谒(拜访)公(指王安石)。公约之饭。翌日(第二天),萧氏子盛服而往,意谓(想象中认为)公必盛馔(丰盛的菜肴)。日过午,觉饥甚而不敢去。又久之,方(才)命(请)坐,果蔬皆不具(备),其人心已怪之(对此感到奇怪)。酒三行(几轮),初供胡饼两枚,次供彘脔(zhì luán,切成块的猪肉。彘,猪)数四,顷(不一会儿)即供饭,旁置菜羹而已(罢了)。萧氏子颇骄纵,不复下箸(zhù,筷子),唯啖(吃)胡饼中间少许,留其四旁。公顾(看到)取自食之,其人愧甚而退(走了)。

意译

王安石做宰相时,儿媳妇的亲戚萧家的儿子到京城来,借机拜访他。王安石就约他到家里吃饭。第二天,萧家儿子穿着华丽的衣服前往,心想王安石一定会用丰盛的菜肴招待自己。时间已过中午,萧家儿子已经饥肠辘辘,但不敢离去。又过了一段时间,王安石才请他入座,可是桌上连果蔬都没有,萧家儿子心中暗暗感到奇怪。他们在一起喝了几轮酒,开始上了两个胡饼,后来上了切块的猪肉四块,又过了不久就上饭了,旁边放着菜羹罢了。萧家的儿子一向骄纵,皱着眉头不肯下筷子,只稍微吃了点胡饼的中间部分,留下四边放在桌上。王安石见后,就拿过来自己吃了,萧家的儿子十分羞愧地走了。

阐发

1. 萧氏子被宠坏了，只吃胡饼中间的部分，而王安石则把胡饼的残留部分吃了，两相对比，天壤之别。做人不要像萧氏子，而应向王安石学习，人应节俭，岂可随意浪费。

2. 释“颇”。它指“很”。上文“萧氏子颇骄纵”中的“颇”，即指“很”。又，“为医二十年，颇有名”，意为“（他）行医二十年，很有名气”。

82 缇萦救父

文帝四年中，人上书言（告发）意（淳于意），以刑罪当传（专车押送）西之（向西到）长安。意有五女，随而泣。意怒，骂曰：“生子（孩子）不生男，缓急（危急时）无可使者！”于是少女缇萦伤父之言，乃随父西。上书曰：“妾父为吏，齐中称其廉平，今坐法当刑。妾切痛死者不可复生，而刑者不可复续，虽欲改过自新，其道莫由，终不可得。妾愿入身为官婢，以赎父刑罪，使得改过自新也。”书闻，上悲其意，此岁中亦除（废除）肉刑法。

意译

汉文帝四年中，有人上书告发淳于意，按照律法，他要被以专车押送，向西到长安去受刑。淳于意有5个女儿，跟着囚车哭。淳于意很生气，骂她们说：“生孩子不生男孩，危急时没人能帮上忙。”小女儿缇萦听了父亲的话，非常悲伤，就跟着父亲西行到了长安。缇萦上书说：“我的父亲做地方官，齐地的百姓都说他清廉公平，如今犯法当受（肉）刑。我伤心受死刑而死的人不能复生，受肉刑而肢体残缺的人不能再长出新的肢体，即使他们想改过自新，也没有机会了。我愿意做官府的婢女来赎父亲的罪过，让他能有机会改过自新。”汉文帝见到了她的上书，很同情她，也为其孝心所打动，不仅释放了她的父亲，而且当年就废除了肉刑。

阐发

1. 缇萦是个女孩，在那个封建年代，她能陪同被抓的父亲同去国都，还上书皇帝，可谓既勇敢又智慧。

2. 释“妾”。它在此处是古代妇女的自我谦称，而不是指男子在正妻外娶的女子。又，“妾愿为尔妻”，意为“我愿意做你的妻子”。

83 赵广誓死不屈

赵广，合肥人，本李伯时（北宋著名画家）家小史（书童）。伯时作画，每使侍左右，久之遂善（善于）画，尤工（精于）作（画）马，几能乱真。建炎中（宋高宗建炎年间）陷贼（落入金兵手中）。贼闻其善画，使图（画）所掳妇人。广毅然辞（拒绝）以实不能画。胁以白刃，不从，遂断右手拇指遣去。而广平生实用左手。乱定，惟画观音大士而已。又数年，乃（才）死。

意译

宋朝时，有个叫赵广的合肥人，原本在著名画家李伯时家里做书童。每当李伯时作画的时候，他便在一旁侍候，日子久了，他也善于画画了，他尤其善于画马，几乎可以以假乱真。建炎年间宋金交战，赵广不幸落到金兵手里。金兵听说他善于画画，便叫他画金兵掳掠到的妇女的形象。赵广坚决推辞，说他实在不会画画。金兵拔出刀威胁要杀他，赵广仍然不屈从，丧心病狂的金兵便砍掉了他右手的拇指，妄想使他一辈子再也不能画画，然后放走了他。实际上，赵广一直是用左手作画的。战乱平息后，赵广专画观音大士像。又过了几年才去世。

阐发

1. 赵广誓死不屈，是个硬汉子。敌人用刀威胁他，砍掉他的右手拇指，他也不屈服。

2. 释“几”。上文“几能乱真”中的“几”，指“几乎”“近乎”。又，“吾有余粮几百斗”，意为“我有余粮近乎百斗”。又，“彼上山樵，虎奔来，几毙”，意为“他上山砍柴，有一只老虎跑了过来，他几乎被老虎咬死”。

84 岳飞抗金

或(有人)问:"天下何时太平?"飞曰:"文臣不爱钱,武臣不惜死,天下太平矣!"

师(军队)每休舍,课(督促)将士注坡(骑马从高坡上驰下)跳壕,皆重铠习之。子云尝习注坡,马踬,怒而鞭之。卒(士兵)有取民麻一缕以束刍(shù chú,捆扎草料)者,立斩以徇(xùn,对众宣示)。卒夜宿,民开门愿纳,无敢入者。军号"冻死不拆屋,饿死不掳掠"。卒有疾,躬为调药。诸将远戍,遣妻问劳(慰劳)其家;死事者(为国而战死的人)哭之(哀悼他们)而育(抚养)其孤。凡有颁犒(慰劳品),均给军吏,秋毫不私(自己一点也不占有)。

善以少击众。凡有所举(行动),尽召诸统制,谋定而后战,故有胜无败。猝遇敌不动(惊慌失措)。故敌为之语曰:"撼(动摇)山易,撼岳家军难。"

意译

有人问岳飞:"什么时候能天下太平?"岳飞回答说:"文官不爱钱,武官不怕死,到那时天下就太平了!"

每逢军队休整的时候,岳飞要求将士们穿着厚重的铠甲练习骑马下坡与跳跃壕沟。

岳飞的儿子岳云曾练习骑马下坡，结果马失前蹄摔倒了，岳飞就愤怒地拿鞭子抽他。有个士兵私自拿了老百姓一束麻来捆扎饲料，结果立刻被斩首示众。士兵夜间宿营，即使老百姓自愿开门接纳，他们也不敢进去。岳飞军队的口号是“哪怕冻死也不拆毁民房，即使饿死也不掳掠”。士兵们有疾病，岳飞亲自给他们煎药。遇到将领们远征，岳飞就让妻子前去慰问他们的家属。将士们万一在作战中牺牲了，岳飞就哭着哀悼他们，并且抚养他们的孤儿。要是朝廷颁发慰劳品，岳飞就把慰劳品平均地分给将士们，自己一点也不占有。

岳飞善于以少击众。每次采取军事行动前，他总要把全部将领召集在一起，共同定下作战计划，因此作战有胜无败。岳家军即使突然遭遇敌人也毫不惊慌。所以敌人说：“动摇山岳容易，要动摇岳家军很困难。”

阐发

1. 岳飞的军队纪律严明，所以金人难以打败他。这位民族英雄名垂青史。

2. 释“戍”。上文“诸将远戍”中的“戍”，指“防守”。“远戍”即“去远方防守”。又，“吾兄戍边已三年矣”，意为“我的哥哥守边已经三年了”。又，“贼来，有吾辈戍之”，意为“敌人如果来侵犯，有我们守卫”。

85 晏子的车夫

晏子为齐相，出，其御(车夫)之妻从门间(缝)而窥(kuī，偷看)：其夫为相御，拥大盖(车上圆形的伞)，策(鞭打)驷马(四匹马)，意气扬扬甚自得也。既而归，其妻请去(此处指离婚)。夫问其故。妻曰："晏子长不满六尺，身相齐国，名显诸侯。今者(刚才)妾观其出，志念深矣(思想很深沉)，常有以自下者。今子(你)长八尺，乃(却)为人仆御，然子之意，自以为足，妾是以(因为这原因)求去也。"其后，夫自抑损(克制自己并显得谦逊)。晏子怪而问之，御以实(实情)对。晏子荐以为大夫。

意译

晏子做齐国国相的时候，有一次坐车出门，车夫的妻子从门缝里偷看，只见车夫坐在大伞盖下，挥动鞭子赶着拉车的四匹大马，一副得意扬扬的神态。不久车夫回到家里，他的妻子提出要跟他离婚。车夫便问妻子是什么原因。妻子说："晏子身高不满 6 尺就做了齐国的国相，在诸侯国中名声响当当。刚才我看他外出时，坐在车里显得思想很深沉，神态又是那么谦逊。可你呢，身高 8 尺，只不过是个车夫，却显得神气活现，扬扬自得，就是这个原因我要离开你。"妻子的话触动了车夫。从那以后，他常常克制自己，逐渐变得谦逊有礼。晏子对车夫的变化感到奇怪，问他是什么原因。车夫把事情如实告诉了晏子。晏子便推荐他做了大夫。

阐发

1. 有人在论述谦逊与骄傲时，以谷穗作比喻。那颗粒饱满的谷穗，总是沉甸甸地低下头，而秕谷、稗草干瘪无实，却总是高高地昂着头。这不是很像晏子与车夫的表现吗？车夫的妻子倒是一个有见识的人，由于她的规劝，车夫终于成了有修养的人。

2. 释“尺”。东周的尺有大小之分，目前传世的东周尺实物长度以 23 厘米和 23.1 厘米的为多。

86 神　　龟

湘（古地名）之滨有田父（种田人）焉，于植谷时得一龟，足伤难行，怜而携之归。三年，龟大，见家人近，则昂首相视，甚亲。田父自念，龟乃野生之物，其性自由，故放诸河。后二年，其子自学府归，见户外有龟，俯而视之，乃昔日之物也，讶之。其家视之如子，日三餐，冬则曝于庭，夏则凉于阴。其子曰："吾家饲之多年矣，宜归生。"田父乃于其背镌姓氏，携之百里外，自桥投之河。龟上浮者三，然后去。后五年，龟又见于户前沟中，举家怪之。村人闻，咸曰："真神龟也！"

意译

湘地的水边有个种田人，他在种田时拾到一只脚受了伤，难于行走的乌龟，种田人觉得它很可怜，便把它带回了家。三年后，乌龟长大了，看到家人走近，便会抬起头看家人，与人非常亲近。那种田人想，龟是野生动物，它生性自由自在，所以就把它放回河里。过了两年，种田人的儿子从学校回家，看到门外有只龟，弯下身仔细看，原来就是早先放生的那只龟，感到非常惊讶。此后他家人把这只乌龟当儿女一样看待，每天喂它吃三顿饭。冬天把它放在院子里晒太阳，夏天则把它放在阴凉的地方乘凉。种田人的儿子说："我们养了它多年，应该放生了。"父亲便在龟背上刻了自家的姓氏，把它带到百里之外，从桥上投放到河里。乌龟多次上浮，然后才离开。隔了五年，这只乌龟又出现在种田人屋前的水沟里，全家人对此都感到奇怪。村里人听说了，都说："真是只有灵性的龟。"

阐发

1. 这只乌龟极有灵性，居然能从百里外找回主人家。

2. 释"三"。"三"是个数词，它在文言中既可作实数用，也可作虚数用。上文"三年"中的"三"是实数，而"龟上浮者三"中的"三"，既可理解为"三次"，又可理解为"多次"，而且按虚数解释为"多次"更好。又，杜甫《茅屋为秋风所破歌》中有"八月秋高风怒号，卷我屋上三重茅"一句，其中的"三重茅"应理解为"好多层茅草"。

3. 释"见"。上文"龟又见于户前沟中"中的"见"，与"现"同，是"现"的通假字，解释为"出现"。又，《敕勒歌》中有"风吹草低见牛羊"一句，其中的"见牛羊"意为"牛羊显露出来了"。

87 晋平公七十而学

晋平公问于师旷（盲乐师，名旷）曰："吾年七十，欲学，恐已暮矣。"师旷曰："何不炳烛（点燃蜡烛）乎？"平公曰："安有为人臣（臣子）而戏其君乎？"师旷曰："盲臣安敢戏其君乎？臣闻之：少而好学，如日出之阳（阳光）；壮而好学，如日中之光；老而好学，如炳烛之明。炳烛之明，孰与昧行乎？"平公曰："善哉。"

意译

晋平公问师旷："我已经七十多了，想求学，恐怕太晚了。"师旷说："为什么不点燃蜡烛呢？"晋平公说："哪有当臣子的戏弄其君主的呢？"师旷说："我一个盲臣怎敢戏弄君主呢？我听说：年轻时好学，如同日出时的阳光；壮年时好学，如同正午的阳光；年老了好学，如同点燃的蜡烛的光亮。借点燃蜡烛的光亮行走，与在黑暗中行走，哪个更好呢？"晋平公说："说得好啊！"

阐发

1. 学习是不论年龄大小的。当然，青少年时期是学习的最好阶段，要抓紧时间努力学习，因为它"如日出之阳"。老了也要学习，因为"炳烛之明"总比"昧行"好。总之，要"活到老，学到老"。

2. 释"孰与"。"孰与"是个文言虚词固定词组，表比较，相当于"跟……比，……如何"。上文"炳烛之明，孰与昧行乎"，意为"借点燃蜡烛的光亮行走，与在黑暗中行走（相比较），哪个更好呢"。又，"吾孰与汝兄长"，意为"我跟你哥哥相比，哪一个年龄大"。

88 重九登高避灾

汝南桓景随费长房游学累年。长房谓之曰："九月九日，汝家中当有灾，宜急去，令家人各作绛（jiàng，深红色）囊，盛茱萸（zhū yú，一种落叶乔木）以系臂，登高饮菊花酒，此祸可除。"景如其言，举家登山。夕还，见鸡、犬、牛、羊一时暴死。长房闻之，曰："此可代也。"今世人九日登高饮酒，妇人带茱萸囊，盖始于此。

意译

汝南的桓景随着费长房外出求学多年。有一天，费长房对他说："你家中九月九日会有灾难，赶快回去，叫家中人制作绛红色的布袋，装入茱萸系在臂上，然后登高喝菊花酒，可以避免这场灾难。"桓景回家后就按照他说的全家登山避难。傍晚回家，看到家里的鸡、狗、牛、羊全都突然暴死了。费长房听到后说："这可以代替你家的灾祸。"如今的人九月九日登高喝酒，妇女佩带茱萸袋的习俗，大概就是由此开始的。

阐发

1. 九月九日是重阳节，登高避难仅仅是传说，不要以为真有其事。但九月里秋高气爽，登高有益于身体健康。

2. 释"累"。它在此处指"多"，"累年"即"多年"。又，"吾友累日不见，恐有疾"，意为"好几天没见到我的朋友，担心他有病"。

89 义士赵良

赵良者，燕（古地名）人也。漂泊江湖，疾恶如仇。一日，途经谢庄，闻有哭声，遂疾步入茅舍，见一少女蓬头垢面，哀甚。义士询之，乃知为某村二恶少所凌辱（欺侮，侮辱）也，痛不欲生。义士怒不可遏（è），径自诣某村，索二恶少，责之曰："汝等何故凌辱无辜少女？"一恶少虎视眈眈曰："何预尔事？"义士瞋（chēn）目（瞪大眼睛）斥之："汝非人也，但禽兽耳！"未及恶少出剑，义士之白刃已入其胸，立仆。一恶少伏地求恕。义士斩其耳以示众，儆（jǐng，警告）其不得为非作歹也。

意译

赵良是燕地人。他漂泊在江湖上，憎恨坏人坏事就像憎恨仇人一样。一天，他经过谢庄，听到有哭声，就快步走进茅草屋，看到一个姑娘蓬头垢面，看上去非常悲伤的样子。赵良询问她，才知道她被某村两个恶少侮辱，痛苦得不想活了。赵良怒不可遏，直接赶到某村，找到了那两个恶少，责备他们说："你们为什么要侮辱无辜的少女？"一个恶少虎视眈眈地说："这关你什么事？"赵良瞪大眼睛斥责他们："你不是人，只不过是禽兽罢了！"还没等恶少拔出剑，赵良雪亮的刀已刺进这个恶少的胸膛，恶少立刻倒下。另一个恶少伏在地上求饶。赵良割下了他的耳朵用来示众，并警告他不得再为非作歹。

阐发

1. 释“索”。上文“索二恶少”中的“索”指“寻找”。又,“索失斧,未得”,意为“寻找丢失的斧头,没找到”。又,“日且晚,索儿归”,意为“天将晚,寻找儿子回家”。

2. 释“歹”。它指“坏”或“坏人”等。上文中的“为非作歹”意为“做坏事”。又,“歹徒入室劫财”,意为“坏人进入室内抢劫财物”。

3. 古代社会法制不健全,有时不得不依靠个人行侠仗义来维护社会公正。现代法制社会中,遇到类似情况应报警处理,但见义勇为的精神是不能丢弃的。

90 李氏夫妇

黄生，乃李氏少时之友也。越十年，二人遇于途。李氏延至其家，杀鸡作食。二鼓许，黄生腹痛，汗大若珠。李氏夫妇恐甚，欲召医治之。黄生固止之，以为旧疾复作，无妨。李不听，即去。时值暴雨，漫天乌黑，山道崎岖，路滑难行。逾（超过）半夜，携医归。医灸之，少时即愈。黄生曰："汝为吾苦矣！吾何以报？"李氏夫妇曰："汝为我友，当悉（全）心以待，何出是言？"翌日天朗，黄生辞行。

意译

黄生是李氏小时候的朋友。二人分别十年后，两人在路上相遇，李氏便邀请黄生到自己家，杀鸡做饭招待他。二更天左右，黄生肚子疼，流下的汗像珠子那么大，李氏夫妇非常害怕，想叫医生来治。黄生坚持阻止，认为这是旧病复发，不碍事的。李氏不听，还是马上出去找医生了。当时正下暴雨，漫天乌黑，山路崎岖难走。到了后半夜，李氏带着医生回来了。医生给黄生针灸，不多时黄生病就好了。黄生说："你为了我受苦了！我怎么报答你呢？"李氏夫妇说："你是我们的朋友，我们应当全心全意对待你，为什么要说这种话呢？"第二天天气晴朗，黄生就告辞离开了。

阐发

1. 古人说：人之初，性本善。善良是人的本性，恶人是长期受坏环境熏陶造成的。所以要跟善良的人交友，切勿与恶人混在一起。

2. 释“少”。上文“少时之友”中的“少”指“年轻时”。又，“吾少即从戎”，意为“我年轻时就参军了”。又，“少不更事”，意为“年轻而不懂如何处理事情”。又，“彼少而远行求学”，意为“他年轻时就出远门去求学了”。

91 恶狗当杀

艾子晨饭毕，游于门外，见其邻担两犬而西。艾子呼而问曰："吾子(您)以犬安之(到哪儿去)?"邻人曰："欲售诸(之于)屠。"艾子曰："恶(为什么)为屠?"邻人指犬而骂曰："此畜牲，昨夜盗贼入室，畏而不敢一声，今日门辟，见人则吠，伤及客，是以欲杀之。"艾子曰："善!"

意译

艾子吃完早饭，在门外散步，看到他的邻居担着两只狗向西走。艾子叫住他，问："您担着狗到哪儿去?"邻居说："我想把狗卖给屠夫。"艾子说："为什么要杀狗呢?"邻居指着狗骂道："这些畜牲，昨夜小偷进室内，害怕得一声不敢叫，今天开门，看到人就叫，还把客人伤了，因此想要杀掉它们。"艾子说："好!"

阐发

1. 释"恶"，读作 wū，解释为"何""怎么"。上文"恶为屠"意为"为什么要宰杀"。这一义项在现代汉语中已不用，所以要特别注意。

2. 释"是以"。它在此处解释为"因此"。上文"是以欲杀之"，意为"因此想要杀它们"。又，"是人恶，是以人鄙之"，意为"这人很坏，因此人们瞧不起他"。